RB

REGINA KLARA HERWIG

Jahrgang 1951, fühlte sich schon als Kind mit Tieren tief verbunden – ob mit dem Igel im Garten der Großmutter, den Wellensittichen, dem Nachbarhund oder Goldhamster Purzel. Doch erst viele Jahre später sollte sie den Weg zur Tierkommunikation finden. Dabei spielten ihre Haustiere keine unwesentliche Rolle ...

Zuvor arbeitete sie als Diplom-Ingenieurin in der Stadtplanung, bis sie sich mehr und mehr spirituellen Themen und der geistigen Welt öffnete. So absolvierte sie diverse Ausbildungen: Unter anderem ließ sie sich zur Reiki-Meisterin einweihen und schloss die Ausbildung bei Robert Betz zur Transformations-Therapeutin ab. Eine weitere Ausbildung in Medialität bei Andrea Schirnack folgte. Seit 2008 führt Regina Klara Herwig Gespräche mit Tieren auf Seelenebene. Mehr Informationen finden Sie auf ihrer Homepage www.klarundleicht.de

REGINA KLARA HERWIG

TÜREN in eine ANDERSWELT

Das Tor zur Seele der Tiere

RB

ISBN 978-3-942581-83-7
Druck und Bindung: Print Group Sp. z o.o.,
Szczecin, Polen (www.booksfactory.de)
Lektorat: Daniela Weise, München
Umschlag: Ulrike M. Bürger, Wörthsee · Foto: Astrid Gast, fotolia.com

5. Auflage 2022

der Robert Betz Transformations GmbH, München
robert-betz.com

Dieses Buch widme ich

all den Tieren, mit denen ich

sprechen durfte.

Aus Dankbarkeit werde ich

10 Prozent meines Honorars an

Tier- und Naturschutz-Projekte

weitergeben.

Inhalt

Franka

Jimmy

Lisa

Basti

Sabik

Sammy

Sheela

Todd

Einführung

Türen? Welche Türen?

Da sind wir schon mitten im Thema! Jeder kennt die süßen Knopfaugen von Meerschweinchen, Eichhörnchen oder Vögeln. Sie sind faszinierend, nicht wahr. Und sie sagen dir: Lass dich ein! Und wenn du dich dafür öffnest, gewähren sie dir Zugang zu deiner Seelenebene, und es tut sich dir eine andere Welt auf.

Als ich damals für meine kleine Tochter einen Teddy genäht habe, war es mir richtig unheimlich, die beiden Augen anzunähen. Es war ein magischer Moment. Durch diese beiden Knöpfe bekam der kleine Kerl plötzlich eine Persönlichkeit und wurde lebendig. Aber halt! Jetzt denke nicht: Die Frau spinnt doch. Mit Stofftieren führe ich keine Gespräche, dafür ist die Realität viel zu spannend. Ja, so spannend, dass es mir ein Bedürfnis ist, möglichst vielen Menschen davon zu erzählen. Deshalb habe ich den Entschluss gefasst, dieses Buch zu schreiben.

Wie kam es dazu? Es gibt ja den Spruch „Der Weg ist das Ziel!“. Für mich stimmt diese Aussage insofern als, wenn ich ein Ziel erreicht habe, der Weg auf einer anderen Ebene oder eher in einer anderen Dimension weitergeht. Das kann ich recht plastisch an meinem beruflichen Werdegang erklären (was für ein Wort: im Gehen etwas werden!). Ich war als Schülerin am Gymnasium eher ein schwaches Licht, bin sitzengeblieben und musste nach weiteren Fünfern die Schule verlassen. Das hieß dann: Ziel verfehlt!

Ich habe dann eine Lehre als Vermessungstechnikerin gemacht, damals gab es noch keine Auszubildenden, man nannte das Lehrlinge. Da sich bei mir im mathematisch technischen Bereich wohl doch Begabungen zeigten, war ich bei dieser Ausbildung plötzlich richtig gut. So habe ich mich mit der Vermessungstechnik in die Zweidimensionalität vorgearbeitet und mit gutem Lehrabschluss dann mein Ziel erreicht.

Als Nächstes habe ich an der Fachhochschule bis zum Vordiplom Vermessung studiert und dann zielstrebig die nächste Dimension im Bereich Architektur anvisiert. Indem ich Städtebau und Landesplanung studierte, erschloss sich mir die Dreidimensionalität. In dieser Dimension habe ich mich dann als Ingenieurin sehr lange bewegt, denn das ist zunächst eine bequeme, vor allem bekannte und gewohnte Ebene, die „man" nicht so ohne Weiteres freiwillig verlässt.

Anstoß für „Weiteres" war der Tod meiner sehr geliebten und verehrten Großmutter im Jahr 1980. Sie war eine stolze, starke Frau, die mir mit ihrem Selbstbewusstsein und ihrer Naturverbundenheit immer ein Vorbild war. Ihr Tod ging mir sehr nahe, und ich begann, über den Sinn des Lebens nachzudenken. Diese Neugier ließ mich nicht mehr los. Ich wollte herausfinden, was sich hinter dem Schleier verbirgt. Ich ahnte, es gibt noch mehr Dimensionen!

Ich ging auf die Suche, las viele esoterische Bücher, besuchte Seminare und probierte vieles aus. Damals wusste ich noch nicht, dass ich mich einfach nur zu erinnern brauche, dass all das Wissen, die weiteren Dimensionen in mir selbst, tief in meinem heiligen Herzen, in meinem Inneren liegen. Wie am Anfang des Kapitels gesagt: Man braucht sich nur dafür zu öffnen. So einfach ist das ...

Es ist einfach! Bei mir war der Weg sehr lang und steinig, aber ein Zwischenziel ist erreicht. Ich suche nicht mehr. Ich weiß nun und öffne mich für göttliche Begleitung aus der geistigen Welt. Ich habe tiefes Vertrauen in die Genialität des Universums gefunden. Man könnte meinen, dass dies doch das eigentliche Ziel und die Sehnsucht des Menschen ist, aber damit beginnt es erst richtig spannend zu werden! Ich versuche mit diesem Buch einen kleinen Einblick in diese Welt des Bewusstseins zu vermitteln.

Biografische Wegbeschreibung

Nun wird es sehr persönlich. Ich möchte mit meiner Beschreibung einfach ein Beispiel geben, wie ein Weg in andere Dimensionen bei guter Erdverbundenheit und unter ganz „normalen" bürgerlichen Bedingungen verlaufen kann. Wer keine Lust auf Biografie hat, kann dieses Kapitel gerne überschlagen.

Ursächlich begann es in einem Zug in der Zeit des Kriegsendes. Ein Soldat aus dem Rheinland fuhr abends zu seinem Standort in Westfalen. Zu der Zeit fuhren die Züge aus Sicherheitsgründen nur nachts und verdunkelt, so konnten die Reisenden kaum etwas erkennen. Die Züge waren völlig überbesetzt.

Unterwegs stieg eine temperamentvolle Westfälin mit viel Gepäck zu und landete im selben Abteil. Nach einiger Zeit tropfte dem Soldaten etwas von oben aus dem Gepäcknetz auf die Hose. Es entwickelte sich eine lebhafte Diskussion, was es denn sein könnte. Die Mitreisenden probierten – es schmeckte süß und war klebrig. Wie sich herausstellte, war es Zuckerrübenkraut aus dem Gepäck unserer Westfälin. Beim Einsteigen in den eng besetzten Zug war wohl ein Einmachglas zerbrochen. Als sie dem Soldaten die Hose auswusch, kamen sich die beiden jungen Leute näher, und die Klebekraft des Rübenkrautes wirkte über 40 Jahre. 1948 wurde geheiratet und 1949 kam ein Sohn als „Krönung ihrer Liebe" zur Welt (Zitat aus den Liebesbriefen von damals). Danach war ein Schwesterchen geplant, das wegen der Krönung Regina (die Königin) heißen sollte. Also gutbürgerlich alles perfekt. Aber nicht ganz!

Es gab während der Schwangerschaft Streitigkeiten, weil sich die junge Frau mit dem Erstgeborenen öfter bei der Mutter in Westfalen aufhielt als bei ihrem Ehemann im Rheinland. Auch die zweite Geburt sollte bei der Schwiegermutter in Westfalen stattfinden. Als Embryo habe ich diese Auseinandersetzungen mitbekommen und bereits damals beschlossen: Mach dich klein, sei unauffällig, falle keinem zur Last! Aber schon bei der Geburt verlief alles anders. Es gab Komplikationen und meine Mutter hatte starke Blutungen. Ich war gerade geboren, wurde hastig zur Seite gelegt, weil der Zustand meiner Mutter sehr kritisch wurde. Damals gab es noch kein Telefon, und da es eine Hausgeburt war, fuhr meine Großmutter mit dem Fahrrad schnell los, einen Arzt zu holen. Ich lag als Neugeborenes in Angst erstarrt unbeachtet, sah das viele Blut meiner Mutter und spürte die Brisanz der Situation. Mich erfasste panische Angst, von ihr verlassen zu werden und hilflos zurückzubleiben. Außerdem war ich offensichtlich an dem Dilemma schuld, ich hatte es verursacht! Ich beschloss, mir nie mehr auf Kosten eines anderen zu erlauben, lebendig zu sein. Ja ... und der Glaubenssatz „Nicht zur Last fallen!“ verfestigte sich. Mit dieser Bürde begann mein Leben. Zum Glück konnte damals meine Mutter gerettet werden, weil mein Vater die gleiche Blutgruppe hatte und ihr Blut spendete.

So prägen schon die allerersten Erlebnisse eines Kindes das spätere Verhalten. Ich versuchte als Kind möglichst unauffällig zu sein, wollte lieb sein und habe kaum gesprochen, war einfach still und unauffällig. Das führte dazu, dass ich auch wenig beachtet wurde, zumal mein größerer Bruder scheinbar viel intelligenter und schlauer war. Sein kleines dummes Schwesterchen stand meist eher am Rand. So musste ich mich stets sehr bemühen und überdurchschnittlich anstrengen, um mithalten zu können und vielleicht auch mal Aufmerksamkeit zu bekommen. Ein weiteres Muster, was mein Leben bis vor Kurzem noch prägte. Dazu kamen Ängste, auch geschürt durch Drohungen, dass der schwarze Mann komme, wenn Kinder nicht brav sind.

Meine Mutter hat mich immer „Püppelein" genannt. Das macht deutlich, dass sie mich am liebsten als gut handhabbares, willenloses Wesen wollte. Und so hat sie mich auch behandelt. Ich fand es vor allem in Gegenwart von Freundinnen sehr peinlich, so gerufen zu werden. Meine Mutter hat mich ihr ganzes Leben lang so genannt, was mich als junge Erwachsene besonders ärgerte. Sie konnte es sich jedoch bis zum Ende ihres Lebens nicht abgewöhnen.

Im Alter von vier Jahren war ich fünf Wochen allein mit Scharlach auf einer Quarantänestation im Krankenhaus. Meine Eltern sah ich nur ab und zu weit entfernt durch eine Glasscheibe. Ich habe dort stundenlang geweint, fühlte mich verlassen, abgeschoben und von meinen Eltern im Stich gelassen. Diese „Glasscheibe" blieb lange Zeit zwischen uns.

Danach hatte ich Alpträume und panische Ängste nachts im Dunkeln. Mein zaghaftes leises Rufen haben meine Eltern nicht gehört. Morgens schämte ich mich sogar dafür und wagte nicht darüber zu reden, denn ich wollte ja nicht zur Last fallen!

Als ich in die Schule kam, fiel es den Lehrern auf, dass irgendwas nicht stimmte. Fleiß: sehr gut, Beteiligung am Unterricht: lässt sehr zu wünschen übrig. So wurde ich schon mit sieben Jahren zu einem Psychotherapeuten geschickt und erhielt die Diagnose: schwere neurotische Sprachstörung. Gefallen hat mir dort bei der Therapie, dass ich mit Fingerfarben malen durfte. Ansonsten fand ich es als sehr unangenehm, mit dem Mann allein sein zu müssen, denn meine Eltern wurden nicht mit einbezogen. Krönung der „Behandlung" war ein sechswöchiger Kuraufenthalt in einer Kinderklinik weit weg von zu Hause. Ich fühlte mich abgeschoben, weil mit mir offensichtlich irgendetwas nicht normal war. Ich dachte, ich sei minderwertig, nicht gut genug, ich müsste mich bessern, sonst dürfte ich nicht zurück nach Hause. Besucht werden durfte ich erst nach vier Wochen. Als mein Vater dann einmal für einen Nachmittag kam, empfand ich ihn wie einen Fremden und hatte das Gefühl, ich gehörte nicht mehr zur Familie.

Danach fühlte ich mich noch mehr ausgegrenzt. Der „Heilaufenthalt" war ein Horrortrip: Morgens wurden alle Kinder der Reihe nach nackt mit einem kalten Wasserstrahl „zur Abhärtung" abgespritzt. Die Teller mussten leergegessen werden, sonst musste man so lange im Speisesaal sitzenbleiben, bis der Teller leer war. Einmal erhielt ich Hausarrest und wurde tagsüber im Bett angebunden, weil ich verdächtigt wurde, etwas gestohlen zu haben. Als sich der wahre Dieb später fand, hat man sich nicht mal bei mir entschuldigt.

Nach dieser Therapie-Erfahrung habe ich mich noch bewusster bemüht, brav zu sein und nicht aufzufallen, damit sich das nicht wiederholt, denn meine Mutter drohte oft: „Sonst gehst du wieder zu deinem Freund!" Damit meinte sie den Psychotherapeuten.

Ich hatte schon als Kind einen sehr guten Draht zu Tieren. Waren es die Igel im Garten meiner Großmutter, der Nachbarhund, unsere Wellensittiche oder der Goldhamster Purzel – ich fühlte mich mit diesen Wesen immer tief verbunden, vertraut und ... ja ... auch von ihnen verstanden. Der Blick in ihre Augen hat mich schon damals fasziniert! Abgesehen davon, dass man sich mit Wellensittichen nun wirklich ausführlich und lautstark unterhalten kann. In meiner Kindheit waren die Tiere eine Insel des Vertrauens und des Fühlens, was ich sonst im Alltag tief verdrängt hatte. Ich kann mich erinnern, wie begeistert ich zum Fenster lief, wenn ich Pferdegetrappel draußen auf dem Pflaster hörte. Damals gab es in der Großstadt noch Pferdegespanne, in denen Kohlen, Kartoffeln, Schrott, Bierfässer und dergleichen transportiert wurden. Ich beobachtete diese hart arbeitenden Tiere lange vom Fenster aus oder lief hinaus, um sie streicheln zu können. Ihre großen dunklen, oft traurigen Augen waren für mich Seelenoasen.

Meine Großmutter hatte diese tiefe Tierliebe bei uns Kindern gespürt und mir und meinem Bruder in den Ferien ermöglicht, reiten zu lernen. Das war in einer Zeit, in der die Pferde drohten auszusterben, weil sie bis dahin nur als Nutztiere gesehen wurden. Der Kontakt mit den Pferden hat mich total begeistert. Meine westfälischen Vorfahren waren alle sehr mit der Reittradition verbunden, war doch mein Großvater berittener Polizist und noch mein Onkel als Kavallerist mit dem Pferd während des Zweiten Weltkriegs in Frankreich unterwegs gewesen.

Reiten gelernt haben wir bei einem alten Oberstleutnant, dessen schnarrende, laute Befehlsstimme ich bis heute in den Ohren habe. Bei ihm habe ich Respekt und tiefe Liebe zu den Tieren erlebt und gelernt.

Am Beginn meiner Berufstätigkeit war meine intensivste Reitphase. Ich hatte in einem kleinen Stall in der Nähe von Bensberg eine schwarze Stute namens Freia. Mehrmals die Woche fuhr ich dorthin. In der Gruppe unternahmen wir am Wochenende Ausritte, Wanderritte über mehrere Tage und auch Urlaubsritte.

Dabei waren wir den ganzen Tag mit den Pferden unterwegs. Es war eine tolle Zeit – immer in der Natur, mit intensivem Erleben der Tiere. Ich fühlte eine tiefe Verbindung zu Freia. Wir waren ein super eingespieltes Team, wie eine Einheit. Im Frühjahr 1984 ist

Freia in meiner Abwesenheit im Stall schwer verunglückt. Der Tierarzt wollte sie einschläfern, weil sie Rückenverletzungen und schwere Zerrungen hatte. Der Stallbesitzer hat sie jedoch an Gurten hängend wieder aufgepäppelt. Geritten werden konnte sie danach jedoch nicht mehr. Ich habe mir damals schwere Vorwürfe gemacht, ob ich den Vorfall verursacht hatte, weil sie zu lange im Stall stand und zu wenig Bewegung hatte.

Vor Kurzem bin ich ihr bei einer schamanischen Trommelreise mit Jutta Vormann-Klein wieder begegnet. Bei der Reise hat Freia mich in der Trance eingeladen, mit ihr zu reiten, und wir sind nach mehreren Stationen auch wieder zu dem Stall von damals gekommen. Dort sagte sie mir, dass sie damals den Unfall auf sich genommen habe, damit ich mit dem intensiven Reiten aufhörte und mich auf meine spirituelle Entwicklung konzentrierte. Das hat mich total überwältigt und berührt. Wie dankbar bin ich diesem starken Wesen! Es ist beeindruckend, zu welchen Opfern Tiere bereit sind, um ihren Menschen zu helfen.

Während der Krankheit des Pferdes habe ich tatsächlich mit der aktiven Suche meines geistigen Weges begonnen. Ich las sehr viele esoterische Bücher mit dem Einstieg über die Anthroposophie Rudolf Steiners. Eine spirituelle Lehrerin in Köln war für mich zu der Zeit Regina Weitz, durch die sich mir eine kreative, lebendige und sehr freie Sicht der geistigen Dinge öffnete. Ich wurde überzeugte Vegetarierin, was Anfang der Achtzigerjahre des letzten

Jahrhunderts etwas Pionierhaftes hatte und viele Diskussionen auslöste.

In der Zeit wurde ich zu einer Therapiegruppe eines indonesisch-niederländischen Schamanen, Alfred Bouman, geführt. Durch die intensiven Erlebnisse und die tiefe Arbeit in der Gruppe begann ich mich langsam zu öffnen, meine Gefühle und Bedürfnisse zu spüren. Ein Schlüsselerlebnis bei einem Workshop war im Sommer 1985 mein Barfuß-Lauf über glühende Kohlen. Es hatte sich abends bei einem großen Lagerfeuer mit etwa 70 Menschen ergeben. Zu vorgerückter Stunde, als das Feuer heruntergebrannt war, ließ Alfred den Rest der Glut flach auseinander haken. Alle standen im Kreis um die Glutstelle an den Händen gefasst und sangen ein Mantra. Es war eine magische Atmosphäre, und einige zogen sich die Schuhe aus und gingen über die heiße Glut. Von dieser Gemeinschaftsenergie getragen und voller Vertrauen, dass mir nichts passieren kann, ging ich dann auch. Die Glut fühlte sich wunderbar samtig weich und angenehm unter den Füßen an. Und ich hatte mich nicht verbrannt!

Dadurch habe ich gelernt, dass uns Menschen alles möglich ist, was wir uns vorstellen können und wovon wir überzeugt sind. Die Wissenschaft ist nur begrenzt in der Lage, die wahre Realität zu erfassen.

Einige Zeit danach wurde ich schwanger. Eigentlich war damals mein Ziel eine Familie mit Kindern ... Moment, ich hatte das Ziel anders formuliert: Ein Kind, aber nicht ohne Familie. Das „Nicht" ist dann irgendwo runtergefallen oder überhört worden. So bekam ich schließlich ein Kind ohne Familie. Es ist also sehr wichtig, auf die genaue Zielformulierung zu achten!

Dieses Kind habe ich als göttliches Geschenk angenommen und ihm all meine Liebe gegeben. Meine wundervolle Tochter hat es geschafft, endlich mein Herz zu öffnen. Ich konnte tatsächlich die Liebe zwischen uns tief spüren.

Unvergessen ist der magische erste Augenkontakt mit dem Baby nach der Geburt. Aus tief dunkelblauen Augen sprach eine weise, tief wissende Wesenheit zu mir: „Ich habe mich entschlossen, zu dir zu kommen!" Und die Kleine schaute sehr neugierig, als wollte sie sagen: „So siehst du also durch meine neuen materiellen Augen aus!" Ich bin immer noch so glücklich, dass dieses tolle Wesen in mein Leben gekommen ist. Ich fühle mich sehr geehrt. Danke!

Ja, wir alle sind göttliche Wesen, mit Allem-was-ist verbunden. Die meisten von uns haben das nur nach der Geburt und Inkarnation hier auf diese Erde mehr und mehr vergessen. Es ist jetzt die Zeit, uns wieder zu erinnern!

Ende der Achtzigerjahre begann ich, mich mit Reiki zu beschäftigen, und wurde 1997 nach einer zweijährigen Schulung als Reiki-Lehrerin und -Meisterin eingeweiht. Zu der Zeit war es eine segensreiche

Energiearbeit, mit den empfangenen Reiki-Energie-Symbolen zu behandeln. Bei der mittlerweile deutlich erhöhten Schwingungsfrequenz der Erde brauchen wir Menschen diese Hilfs-Symbole nicht mehr. Heilung durch die Hände ist jetzt unmittelbar bei entsprechendem Bewusstsein möglich. Deshalb habe ich mir vor einigen Jahren die Reiki-Symbole aus meiner Aura löschen lassen, da sie mich auf meinem weiteren Weg behindert haben. Ich arbeite damit auch nicht mehr, die Energien fließen jetzt unmittelbar ohne irgendwelche Hilfsmittel.

Ende der Neunzigerjahre habe ich eine Ausbildung zur Psychologischen Beraterin abgeschlossen und danach zwei Jahre eine Lernwerkstatt für systemisches Familienstellen mitgemacht. Ich hatte viel theoretisches Wissen gelernt und Erfahrungen mit Energien gemacht, merkte jedoch bald, dass etwas fehlt. Mit dem Reden „über" Probleme und Anschauen der Verhältnisse und Bedingungen kann ein Thema nicht gelöst werden. Mir fehlte dabei noch ein entscheidender Schlüssel. Und das ist eben gerade das, was ich im Verlauf meiner Kindheit immer unter dem Deckel gehalten habe: das Gefühl! Denn das gilt es zu spüren, um ein Thema lösen zu können. Und das habe ich plötzlich begriffen durch die Begegnung mit Robert Betz Anfang des Jahres 2005. Ich habe einen Vortrag in Köln gehört und noch am selben Abend ein Urlaubs-Seminar mit ihm auf der griechischen Kraftinsel Lesbos gebucht. Dort reifte mein Entschluss sehr schnell, bei ihm die Ausbildung zur Transformations-Therapeutin zu machen.

In dieser intensiven Zeit habe ich all die Blockaden aus meiner Kindheit und aus anderen Bereichen gelöst, alte Beziehungen und Verstrickungen geklärt, gründlich in meiner Psyche aufgeräumt und so Klarheit in mein Leben gebracht. Wichtig dabei war, Frieden in die Beziehung zu meinen verstorbenen Eltern zu bringen und ihre Liebe und Begleitung in dieses Leben zu würdigen. Ich kann ihnen mit offenem Herzen danken, denn sie haben für mich ihr Bestes im Rahmen des für sie seinerzeit Möglichen getan.

Bei unserem Abschluss-Fest der Transformations-Therapie-Ausbildung auf Lesbos fühlte ich mich so gigantisch befreit und euphorisch – vielleicht kann man es auch erleuchtet nennen –, dass ich mich seitdem auch Klara nenne. Den Vornamen, den ich schon immer mit im Ausweis stehen hatte, der jedoch bis dahin noch nicht passte. Und es ist auch der Vorname meiner Großmutter. Mit dieser Erweiterung betreibe ich nun seit 2006 meine Transformations-Praxis (neben meinem technischen Job) mit tollen Erfolgen.

2007 habe ich noch eine mediale Ausbildung bei der genialen Andrea Schirnack gemacht, durch die sich mir weitere Dimensionen öffneten. Diese Möglichkeiten unterstützen meine Therapie-Arbeit sehr effektiv. Das Großartige an dieser Art zu arbeiten ist, dass ich selber an der liebevollen Energie teilhaben kann und davon profitiere.

2012 habe ich meinen technischen Job in der Dreidimensionalität aufgegeben und konzentriere mich nun ganz auf meine Therapie-Praxis, channele

Botschaften aus der geistigen Welt, gebe energetische Heilbehandlungen, kommuniziere mit Tieren, genieße das Leben, und übe mich im Sein. Ich bin offen für die nächsten Schritte!

Wie ich zur Tierkommunikation kam

Über meine Cousine, Christa Gerlach, die bis vor einigen Jahren völlig ablehnend gegenüber spirituellen oder esoterischen Dingen eingestellt war, hörte ich das erste Mal von Tierkommunikation. In ihr ging plötzlich ein riesiger Wandel vor sich, den ich mit freudiger Neugierde beobachtete, denn vorher hat sie mich eher belächelt. Ich habe erleben dürfen, dass ein Weg des Erwachens nicht wie bei mir 30 Jahre dauern muss. Und dieser Weg wurde bei ihr über einen Kater angestoßen!

Sie hatte schon immer Katzen und in der Hinsicht viel Erfahrung. Und als ihr Micky gestorben war, suchte Christa sofort über das Internet nach einem Nachfolger. Es war Sammy, der sie über ein Foto so „ansprach“, dass sie sofort eine tiefe Verbindung spürte und ihn unbedingt zu sich nehmen wollte. Und sie musste weit fahren, um diesen Kater abzuholen.

Es geschah, was ihr bisher noch nie mit Katzen passiert war: Er führte sich äußerst aggressiv auf, biss sie ins Bein, warf Gegenstände kaputt, urinierte auch schon mal neben das Katzenklo und gebärdete sich sehr eigenwillig, launisch und stolz. Aber sie wollte nicht aufgeben und hatte eine Ahnung, dass dieser Pascha ihr vielleicht etwas mitteilen wollte. Sie hörte von einer Frau, die mit Tieren sprechen konnte, und bat sie, mit Sammy zu reden. Tatsächlich änderte sich sein Verhalten nach den ausführlichen Gesprächen, in dem er seine Beweggründe erklärte und einige Missverständnisse ausgeräumt wurden. Das weckte nun Christas Neugier auf diesen geistigen Bereich, der sich hier für sie plötzlich auftat. Sie nahm dann an einem Seminar über Tierkommunikation teil und lernte den Zugang zu diesen Bereichen kennen. Das war ihr Anfang eines spannenden Erkenntnisweges.

Mittlerweile hat Christa eine eigene Beratungspraxis im Westerwald, in der sie Menschen auf dem Weg in ihre Kraft begleitet und unterstützt. Danke an den „Entwicklungshelfer“ Sammy!

Christa erzählte mir ganz begeistert von den Erfolgen mit der Tierkommunikation bei Sammy und auch von dem Seminar. Bis zu dem Tag hatte ich noch nichts von dem Thema gehört und wurde nun auch sehr neugierig. Da ich damals, Anfang 2008, schon medial gearbeitet habe, konnte ich gleich mit ihr zusammen an dem Fortgeschrittenenkurs bei Maria Hubert teilnehmen. Gleich das erste Gespräch mit einer mir fremden Katze war so klar und beeindruckend, dass ich seitdem Feuer und Flamme für dieses spannende Thema bin. So hat Kater Sammy mich auf indirektem Weg zur Tierkommunikation gebracht.

Wie funktioniert das denn nun?

Werde ich von jemanden um eine Kommunikation mit dem Haustier oder auch mit einem freilebenden Tier gebeten, frage ich nach dem Grund oder Anlass. Ich lasse mir möglichst konkret die Frage oder das Anliegen des Menschen nennen. Außerdem benötige ich den Namen und ein Foto von dem Tier, auf dem die Augen gut zu erkennen sind, denn die Augen sind für mich der Schlüssel zur Seele des Tieres. Es ist nicht nötig, dem Tier direkt körperlich zu begegnen, mir reicht ein Foto mit den persönlichen Angaben, um Kontakt aufnehmen zu können.

Vor dem Gespräch mit dem Tier schaffe ich mir eine ganz entspannte, ruhige Atmosphäre und sorge dafür, dass ich nicht gestört werden kann. Ich zünde eine weiße Kerze an und verbinde mich mit der göttlichen Energie. Ich bitte die Engel und geistigen Helfer, die sich mit der Seelenwelt der Tiere verbunden fühlen, um Hilfe und Unterstützung. Mit weißgoldenem Licht reinige ich mich, lasse es durch mein Scheitelchakra in meinen Kopf und durch den gesamten Körper fließen, bis ich das Gefühl habe, vollkommen geklärt und gut vorbereitet für die Kommunikation zu sein.

Vor meinem inneren Auge stelle ich mir eine grüne Wiese vor und bitte die geistigen Wesen, sich um diese Wiese zu versammeln, um einen geschützten, unterstützenden Rahmen für das bevorstehende Gespräch zu bilden. Mit Hilfe des Fotos nehme ich über die Augen Kontakt zu dem Tier auf. Durch die Augen schwinge ich mich auf die Frequenz der Seelenebene des Tiers ein. Ich spreche das Tier mit inneren Worten an, rufe seinen Namen, frage, ob es zu einem Gespräch bereit ist, und lade es ein, zu mir auf die Wiese zu kommen. Nachdem es eingewilligt hat, sehe ich es dann auf mich zukommen. An der Ausstrahlung und der Art, wie das Tier zu mir kommt, kann ich meist schon erkennen, wie es ihm geht. Kommt es zum Beispiel freudig angelaufen oder geht es eher zögerlich und wirkt bedrückt oder traurig?

Im Gespräch empfange ich dann telepathisch die Worte des Tieres. Ich höre meist ganz klare Antworten auf meine in Gedanken gestellten Fragen innerlich in meinem Kopf, denn die Antworten kommen wie Energie-Schwingungen die sich durch die telepathische Wahrnehmung in Worte transformieren. Dabei klingen die Sätze und Formulierungen sehr individuell entsprechend dem Charakter und Wesen des Tieres. Ich kann auch empfinden, wie es dem Tier geht, wie es sich fühlt, ob es traurig, wütend, verzweifelt oder ängstlich ist. Auch kann ich spüren, ob es Schmerzen hat – die zeigen sich in meinem Körper analog dort, wo es dem Tier wehtut. Oft bekomme ich Bilder oder sogar eine Szene übermittelt, zum Beispiel wenn ein Tier beschreibt, wo es gerade ist oder wie etwas Markantes passiert ist. Die Sätze und

Beschreibungen der Tiere schreibe ich dabei sofort auf einem Block mit, ich notiere mir unmittelbar alles, was mir bei der Begegnung wichtig erscheint. Ich kann alles in Ruhe aufschreiben, auf dieser Ebene scheint es tatsächlich keine Zeit zu geben, der Gesprächsfluss stellt sich offenbar auf mein Tempo ein.

Es ist total spannend, in diese fantastische Welt eintauchen und daran teilhaben zu dürfen. Diese tiefgehenden Gespräche mit den oft weisen Aussagen sind nur möglich, weil die Tiere die Verbindung zur geistigen Welt und zu den Naturreichen nie verloren haben. So hat auch das in unseren Augen „einfachste" Tier Zugang zu Allem-was-ist. Denn eigentlich ist ja alles miteinander verbunden. Es gibt in Wahrheit keine Trennung. So ist die Begegnung auf der Ebene der Herzen, der bedingungslosen Liebe möglich, wenn wir Menschen es schaffen, die Ebene des trennenden Denkens zu verlassen.

Eine kleine Anleitung

Diesen Schritt auf die Ebene des Herzens kannst du üben. Und dieser Schritt führt in dein Inneres, denn dort findest du dieses Universum der geistigen Welt, in dem alles möglich ist. Zunächst ist es spannend und sehr aufschlussreich, die eigenen Gedanken zu beobachten. Ständig und fast ununterbrochen schießen sie durch unseren Kopf wie Blitze, fließen wie Wasserfälle oder Wellen ... Ich lade dich ein, eine Zeit lang während des Alltagsgeschehens deine Gedanken zu beobachten:

Was nimmst du zum Beispiel wahr, wenn du den Nachbarn Rasen mähen hörst? Was schießt dir dazu durch den Kopf – ärgerst du dich über den Lärm oder denkst du, dass du das eigentlich auch tun solltest, oder verurteilst du den Nachbarn dafür, dass er dich mal wieder stört usw. Und eigentlich wolltest du dich doch auf eine Sache konzentrieren, die dir in dem Moment wichtig war.

Interessant sind auch die Einfälle, die dir dazu kommen. Fällt dir beispielsweise ein, dass du dringend noch etwas einkaufen musst, erscheint meist in Sekundenbruchteilen die Vorstellung von dem Geschäft und dem Regal, wo du es holen könntest. Blitzschnell tauchen auch Fragen auf wie: Was ziehe ich für Schuhe dazu an? Fahre ich mit dem Fahrrad oder gehe ich zu Fuß? Aber eigentlich wolltest du dich ja konzentrieren und dich nicht ablenken lassen ... So läuft ständig dieses Kopfkino, das deine Aufmerksamkeit immer wieder auf anderes lenkt, es kommentiert, beurteilt, das Gefühle und Empfindungen verursacht.

Neben diesen Alltagsgedanken empfangen wir in ruhigeren Momenten auch Impulse, die nicht aus dem Kopf zu kommen scheinen, eher aus anderen Bereichen oder Ebenen als innere Stimme. Intuitionen, die uns oft erstaunen und überraschen. Wir denken, das ist ja genial, warum bin ich da nicht schon früher drauf gekommen. Also anscheinend sind unbegrenzt Gedanken-Varianten möglich.

Wenn wir es schaffen, diese unterschiedlichen Ebenen in uns wahrzunehmen, mehr Ordnung und Bewusstheit in unsere Gedanken und Impulse zu bekommen, ist der Zugang in den geistigen Bereich einfacher. Es ist dann nur noch Übungssache, die Alltagsgedanken bewusst zur Seite zu schieben und sich für anderes zu öffnen.

Hilfreich ist, öfter mal Meditationen zu üben. Es gibt viele wunderschöne geführte Meditationen zu den unterschiedlichsten Themen, zum Beispiel bei YouTube oder auf CD. Empfehlen kann ich natürlich die geführten Meditationen von Robert Betz, bei denen du ganz hervorragend deine eigenen Themen klären kannst. Du wirst nach einiger Zeit des Praktizierens merken, dass du dich immer besser dabei konzentrieren kannst und die dabei entstehenden inneren Bilder zunehmend deutlicher werden. Achte dabei immer wieder darauf, ob deine Gedanken zwischendurch abschweifen oder innere Kommentare und Interpretationen hochkommen.

Hast du bereits Übung mit Meditationen oder einfach keine Lust dazu, versuche öfter, bewusst den Atemwechsel zu beobachten oder einfach entspannt zu dösen und zu lauschen ... ohne zu denken! Schön finde ich es im Sommer, wenn ich in der Sonne mit geschlossenen Augen liege, zu beobachten, was durch die Augenlider wahrzunehmen ist – ein kleiner bunter Film –, und mich nur darauf zu konzentrieren und alle Gedanken loszulassen.

Ich habe mir seit der Ausbildung bei Robert Betz angewöhnt, meine Gedanken möglichst ständig zu beobachten. Ich versuche wahrzunehmen, was im Laufe des Tages in meinem Kopf so alles abläuft. Wie oft beurteile ich mich selbst oder andere, vergleiche mich mit anderen? Wann tauchen alte Denkmuster auf? Das ist ein wichtiger Klärungsprozess, wodurch der Gedankenfluss immer transparenter und besser einschätzbar wird.

Im nächsten Schritt ist es eine gute Übung, in der Natur zu beobachten, sich ganz bewusst eine Zeit lang auf eine Pflanze zu konzentrieren und sich entspannt auf sie einzulassen. Hierbei ist auch wieder interessant, wahrzunehmen, was sich im Kopf störend dazwischendrängt. Irgendwann zeigt sich garantiert das Ego, das Angst davor hat, Macht zu verlieren.

Damit umgehen zu lernen, ist ein weiterer Schlüssel für die Tür zur Anderswelt. Das Ego ist eine Instanz in unserer Psyche, das oft seine Übermacht aus überkommenen Moralvorstellungen, Neid, Eifersucht, Druck, Verbissenheit, Abwertung, Unversöhnlichkeit, Anerkennungssucht oder dergleichen bezieht. Daher kommen unsere begrenzenden Gedanken wie „Du kannst das sowieso nicht!" oder „Was ist das denn für ein Quatsch, das sind doch alles Hirngespinste!". Diese Instanz in uns gilt es, in die Schranken zu weisen. Manche Philosophien streben die Überwindung des Egos an, was meiner Ansicht nach nicht sinnvoll und auch nicht möglich ist.

Wichtig ist es allerdings schon, die begrenzenden Denkmuster zu klären, zu wandeln und zu lösen. Ein rationaler Anteil in uns ist wichtig und sehr hilfreich, um den Alltag und das Tagesgeschäft zu managen. Es gilt, hier eine gesunde Balance zu finden. Eine gute Übung hierfür ist eine Meditation, bei der du dem Ego, deinem inneren Druckmacher, Kritiker, Runterzieher oder wer auch immer bei dir im Vordergrund steht, im Konferenzraum begegnest. Dabei bist du selbst die Chefin oder der Chef und rufst das Ego wie einen Angestellten zu dir herein. Du wirst staunen, welches Wesen sich da zeigt. Lass das Wesen sich aussprechen und danke ihm für seine Arbeit. Dann weise ihm genau seinen Aufgabenbereich zu und mache deutlich, für welche Bereiche es nicht zuständig ist. Dann kann es jetzt endlich mal Überstunden abfeiern und sich ausruhen, Pause machen! Mach es spielerisch und lass deiner Fantasie freien Lauf. Du wirst merken, danach fühlst du dich klarer und aufgeräumter.

Um eine Begegnung mit einem Tier zu üben, bietet sich am einfachsten bei einem Spaziergang eine Kuh auf der Weide an. Schau sie an, schau ihr in die Augen und sei dabei bewusst wohlwollend. Die Kuh wird die liebevolle Absicht spüren und ihr Misstrauen ablegen. Spüre, wie ihr beiden in Resonanz geht. Nun ist es nur noch ein kleiner Schritt zu einem Gespräch. Aber denke dabei nicht an ein leckeres Steak ... Oh, Entschuldigung, jetzt habe ich dich rausgebracht! Spaß beiseite – aber genau darum geht es. Solche Gedanken nimmt das Tier auf und wird sich wahrscheinlich zurückziehen. Erst wenn du dem Tier absichtslos und offen begegnest, wird ein innerer Kontakt möglich. Vielleicht spürst du dann bei dem Tier eine Traurigkeit, Resignation oder auch Zufriedenheit. Zeig Empathie, nimm Anteil, und ihr seid schon in einem Dialog.

Schwierig ist es zu Anfang, mit dem eigenen Haustier in einen tiefen Dialog zu kommen. Sogar bei mir klappt das meist nicht, wenn es dem Tier schlecht geht und ich emotional verstrickt bin.

Am besten, du nimmst zum Üben ein Foto von einem Tier, das dir aus dem Bekanntenkreis oder der Nachbarschaft vertraut ist. So kannst du gut kontrollieren, ob die Aussagen, die du bekommst, stimmig sind. Mit einem Foto ist es einfacher zu üben, als wenn das Tier direkt vor dir sitzt, denn das Gespräch findet auf der Seelenebene statt. Ist das Tier persönlich anwesend, bist du leicht abgelenkt, außerdem hat das Tier meist nicht die Ausdauer, länger in Augenkontakt zu bleiben, dann ist es zu Anfang schwierig, den Kontakt zu halten.

Mit dem Foto versuche den Kontakt dann möglichst so zu zelebrieren, wie ich es zu Anfang dieses Kapitels beschrieben habe. Für mich ist dieser feierliche Rahmen immer noch sehr wichtig, weil dieser besondere Vorgang eine entsprechend würdige Vorbereitung und innere Haltung erfordert. Wenn es nicht gleich klappt, probiere es weite - Üben ist das Schlüsselwort! So geht es uns doch bei den meisten Dingen, die wir lernen wollen ... wir müssen es üben. Bei einer neuen Sprache lernst du Vokabeln und die Grammatik. Willst du ein Instrument spielen, musst du den Umgang damit üben. Ich kann mich noch gut daran erinnern, wie meine Tochter begann, Geige zu spielen. Die erste Zeit des Übens war schrecklich und quälend, es galt alle Türen und Fenster zu schließen, um die Nachbarn zu schonen. Aber nach und nach klang es immer besser, bis es sich irgendwann wundervoll anhörte – nach vielem Üben! Manchem fällt es leicht, andere brauchen etwas länger. Egal, der Weg ist das Ziel!

Zum Thema Üben möchte ich noch von einem persönlichen Erlebnis im September 2013 erzählen. Ich hatte meine Freundin Dagmar Hellriegel, eine mediale Künstlerin, gebeten, für mich mein Seelenbild zu malen. Bei der Übergabe des Bildes las sie einen Text vor, den sie dazu für mich aus der geistigen Welt bekommen hatte. Normalerweise ist das ein längerer Text mit Ausführungen zum Bild und persönlichen Botschaften. Bei mir war das anders. Es wurde lediglich mitgeteilt, dass das Bild für mich ein Tor bedeute, durch das ich selber gehen würde. Dafür solle ich 21 Tage mit dem Bild arbeiten und es solange immer wieder verhüllen, bevor ich es aufhängen könne. Vorgegebene Zeremonie für die Arbeit: Kerze anzünden, anschauen, tönen in Richtung Seelenkern, Informationen einfließen lassen, Seelentagebuch für die ersten 21 Tage führen.

Das war nun meine Aufgabe, mich drei Wochen lang jeden Tag vor das Bild zu setzen. Erst war ich etwas ratlos, was das denn bringen solle. Aber es ist ja meist so, dass wir vorher überhaupt nicht abschätzen können, was sich uns nach Erledigung einer Übung an neuen Welten eröffnet. Doch die gewissenhafte Arbeit mit meinem Seelenbild war ein grandioses Erlebnis und hat für mich großartige Welten eröffnet.

Zunächst in den ersten Tagen fing ich mit einfacher Bildbeschreibung an, so wie wir es in der Schule gelernt hatten: Vordergrund, Hintergrund, zentrales Objekt, Wirkung der Farben ... Bald flossen dazu Botschaften von den Erzengeln ein, die immer konkreter und ausführlicher wurden. Am zwölften Tag wurde mir erlaubt, mein Seelenbild auch für dieses Buch auf dem Cover zu verwenden.

Mir fiel in den Tagen oft auf, dass sich meine Katze Sheela auf die Schreibmappe unmittelbar vor dem verhüllten Bild legte. Das wurde dann auch von der geistigen Welt erwähnt und kommentiert: „Du hast erlebt, dass Sheela sich gerne davor legt. Sie spürt die starke Schwingung auch von dem, was du schon aufgeschrieben hast. Da hat sie sich draufgelegt, um davon zu profitieren, obwohl es recht hart und unbequem ist. Sie zeigt dir wieder: Bleib dabei, bleib dran und geh diesen Weg weiter. Sie hat die Aufgabe, dich immer wieder daran zu erinnern. Folge ihren Hinweisen, sie gibt dir Zeichen.“

So wurden mir im Laufe der drei Wochen immer deutlicher persönliche Hinweise gegeben und Antworten auf meine Fragen. Am letzten Tag kam für mich völlig überraschend die Krönung der Übungszeit. Mir wurde Folgendes übermittelt: „Heute ist der Tag gekommen, an dem du dein Bild aufhängen kannst, denn ab heute arbeitest du auch für andere damit! Mach es so, wie wir es diese 21 Tage geübt haben. Verbinde dich, setze dich hin und schreibe. Das ist deine Art zu arbeiten, schreibe auf, was kommt. Dabei merkst du, dass dein Gehirn sich wattig anfühlt. Das ist okay, denn es muss sich dann umstellen. Das Schreiben ist von ihm (dem Gehirn) nur noch zu regeln, der Inhalt fließt unabhängig vom Verstand. Aber das hast du schon gut bei der Tierkommunikation geübt. Und das wird auch weitergehen, dafür brauchst du aber nicht das Bild. Das soll dabei sein, wenn du mit Menschen arbeitest. Das heißt nicht, dass das Bild nicht auf das Buchcover kommen soll. Das ist ja als Hintergrund gedacht, weil es deinen Hintergrund darstellt. Die Tieraugen sind der Vordergrund.

Nun eröffnet sich für dich der Arbeitsbereich, medial mit Menschen zu arbeiten. Es sind oft Fragen, die wir über dich beantworten. Du sollst ihnen dann deine handschriftlichen Botschaften mitgeben, denn darin fließt sehr viel kosmische Energie, die nachwirkt, denn die Botschaft ist persönlich für die Menschen. Du kannst sie auch per Post schicken."

Ja, da hatten sich das Üben und drei Wochen Durchhalten tatsächlich gelohnt. Ich bin immer noch überglücklich über dieses Erlebnis.

Nun kann ich dich nur ermutigen, es mit der Tierkommunikation zu versuchen und dranzubleiben. Wenn du den dringenden Impuls dazu in dir spürst, wirst du es schaffen. Die von mir vorgeschlagenen Anleitungen sind kein Patentrezept, sondern sollen dir als Hilfe dienen. Hab den Mut, auch zu experimentieren. Es ist wie überall: Jeder findet und geht seinen eigenen Weg. Geh das Abenteuer entspannt und locker an, mit der inneren Haltung, nichts zu erwarten, sondern offen zu sein für Überraschungen. Es ist eher ein vertrauensvolles, neugieriges Zulassen, dass du Sätze oder Bilder wahrnehmen könntest. Nichts muss, alles kann, wie man so schön sagt.

Wenn ich etwas hören will und mich womöglich anstrenge, klappt es meist nicht. Es ist eine Gratwanderung zwischen Konzentration und Klarheit im Kopf einerseits und andererseits Offenheit und Empfänglichkeit auf der Gefühlsebene. Dabei merke ich ganz deutlich, ob sich bei mir persönliche Interpretationen oder eigene Gedanken einschleichen – auch das ist Übungssache. Das nehme ich mittlerweile deutlich als Störung wahr.

Nimm besonders am Anfang jede kleine Veränderung, jeden leisen Impuls auf. Die Dialoge werden sicher nach und nach deutlicher und konkreter. Es kann auch sein, dass sich Bilder zeigen, die meist mit einer erlebten Situation zusammenhängen. Verbunden damit sind oft Gefühle, die angenehm, furchterregend oder bedrohlich wirken. Dann spürst du die Situation so, wie sie das Tier empfindet oder empfunden hat. Das ist ein untrügliches Zeichen, dass du auf der Herzebene des Tieres schwingst. Dabei sind alle Facetten möglich. Es kann sich wundervoll wohltuend anfühlen oder auch entsetzlich traurig. Ich habe bei meinen Gesprächen immer Taschentücher griffbereit, weil oft Tränen der Rührung oder des Mitgefühls fließen.

Eine Kommunikation mit einem Tier fühlt sich so oder so grandios an. Ich kann dich nur ermutigen, dich vertrauensvoll darauf einzulassen. Es öffnet sich eine andere Welt! Und du wirst in der Anderswelt freudig erwartet. Vertraue deiner geistigen Führung. Hab Vertrauen und Geduld!

Zu den Tieren

Die meisten Tiere sind begierig darauf, mit uns Menschen Kontakt aufzunehmen, wenn sie spüren, dass wir ihnen wohlgesinnt sind. Sie haben uns so viel zu sagen! Und sie tun es meist mit Freude und Hingabe. Es kommt vor, dass frei lebende Tiere aus unserer Umgebung oder bei Begegnungen in der Natur und auf Reisen uns etwas mitteilen wollen, Botschaften für uns haben und uns damit auch helfen wollen. Wenn sie ihre Scheu überwinden und uns offensichtlich begegnen wollen, möchten sie Kontakt aufnehmen und uns etwas vermitteln.

Eine besondere Rolle spielen natürlich unsere Haustiere. Ich denke, sie haben diese Nähe zu uns Menschen bewusst gewählt. Oft wollen sie ihrem Menschen helfen und ihn unterstützen. Sie gehen mit einzelnen Personen besondere Bindungen ein und tragen dann oft die Probleme mit. Sie übernehmen sogar Krankheiten, um ihrem Mensch das Leben zu erleichtern. Oder sie wollen durch ihr Verhalten die Menschen auf Störungen hinweisen und spiegeln seelische Belastungen wider. Es kann auch sein, dass sie eine bestimmte Aufgabe zu erfüllen haben bzw. bereit sind zu erfüllen.

Bei systemischen Familienaufstellungen erleben wir es, dass Haustiere oft ins Familiensystem der Menschen verstrickt sind und auch verstorbene Verwandte vertreten können. Sie sind oft vollwertige Familienmitglieder, die aus Liebe die Belastungen des Familiensystems mittragen. So weisen sie häufig auch durch auffälliges Verhalten oder Krankheiten auf Probleme im menschlichen Familiensystem hin.

Haustiere, die uns auf unserem Lebensweg eine längere Zeit begleiten, halten oft wichtige Botschaften und Lernaufgaben für uns bereit. Wenn wir Menschen dies ernst nehmen, liegt darin für uns eine Chance zu wichtigen spirituellen Entwicklungsschritten.

Die Tiere spüren unsere Absichten und können hinter unsere Masken schauen. Sie nehmen unsere Gemütszustände wahr, die uns selbst oft gar nicht bewusst sind. So merken sie, wenn jemand Angst hat, und reagieren entsprechend ihrem Naturell darauf. Ist jemand unsicher, spiegelt sich das im Verhalten des Tieres. Hat jemand ein „Herz für Tiere", so erlebt er oder sie regelmäßig offene, freudige Begegnungen, bei denen Zuneigung zu spüren ist.

Tiere lassen uns gerne an ihrer Lebensfreude teilhaben, animieren uns zum Spielen oder gar zu kindlichem Toben, das heilsam für unser inneres Kind ist. Wie beruhigend wirkt ein vertrauensvoll in unserer Nähe schlafendes Wesen und lässt dann alle Hektik des Alltags vergessen! Es gibt auch Kobolde und Komiker darunter, die es schaffen, uns zum Lachen zu bringen, und dadurch zu mehr Entspannung und Lebensfreude beitragen.

Und die Tiere sprechen unser Herz an, erreichen unsere Gefühle, wenn wir bereit sind, uns darauf einzulassen. Was wir mit unseren geliebten Haustieren erleben, können große Abenteuer und auch Herausforderungen sein.

In den folgenden Texten habe ich die Originalzitate der Tiere als Fettdruck markiert, wobei meine Fragen kursiv geschrieben sind. Bei den Gesprächsprotokollen habe ich versucht, möglichst die Originalformulierung der Aussage mitzuschreiben, auch wenn sie manchmal für uns ungewohnt bzw. unüblich klingt. Sie passt aber meist zum Naturell des Tieres und zeigt, dass die Übermittlung über Gefühlsschwingungen stattfindet, die nicht exakt auf unsere rationale Ebene übertragbar ist.

Meine persönlichen Haustiere

Derzeit lebt die schwarze, kapriziöse Katzendame Sheela bei mir. Sie bezeichnet sich selber als Diva und erwartet, dass ich ihre Wünsche erahne und natürlich sofort erfülle. Sheela bettelt nicht um Futter oder Leckerlis, nein, sie „erwartet". Meine Tochter hatte sie als Kind aus unserem Urlaub in Portugal als Katzenbaby mitnehmen dürfen. Sheela hatte noch vier Brüderchen, und ihre Mutter war eine wild lebende Streunerin. Die Finca, die später unser Urlaubsdomizil war, hatte sie als „Nest" für ihren Wurf ausgewählt. Am Ende unserer Ferien dort war es für meine Tochter ein Leichtes, mich für ein Kätzchen zu begeistern, hatte sie doch die meiste Zeit auf der Finca mit den Katzen verbracht. So suchte sie sich das einzige Weibchen aus, eine schwarze Schönheit mit meergrünen Augen, die dann mit uns im Flieger zu uns nach Hause kam.

Damals hatten wir einen älteren Kater, Felix, einen Streuner, der oft unterwegs und selten zu Hause war. Er fühlte sich gleich als Beschützer des kleinen Neuankömmlings. Anfangs, als Sheela noch sehr klein war, kam sie eines Abends nicht nach Hause. Alles Suchen und Rufen half nichts. Am nächsten Morgen war sie immer noch nicht wieder da. Es erschien jedoch unser Felix. Ich habe ihn intuitiv gefragt, ob er wüsste, wo Sheela ist (zu der Zeit hatte ich noch nichts von Tierkommunikation gehört). Felix schaute mich an, drehte sich um und marschierte zielgerichtet in den Nachbargarten. Das ging problemlos, denn es gab keinen Zaun zwischen den Gärten. Dort setzte er sich unter einen hohen Baum am Ende des Gartens und schaute hinauf. Ich war ihm gefolgt und sah nun ebenfalls hoch. Dort oben saß die Kleine im oberen Geäst, ganz verängstigt. Auf mein Rufen kam sie aber sofort herunter, und Felix hatte sich einige Leckerlis verdient.

Als wir zwei Jahre später aus dem Einfamilienhaus auszogen, war Felix längere Zeit unterwegs, und so konnten wir ihn nicht mitnehmen. Er hat sich dann mit den Menschen arrangiert, die nach uns in dem Haus lebten. 2008 hat Jutta Vormann-Klein mit ihm Kontakt aufgenommen und ihn gefragt, wie es ihm seinerzeit mit der Trennung ging. Das war seine Antwort:

Es freut mich sehr, von Regina zu hören. Es war eine gute Zeit! Doch meine Aufgabe war vorbei, meine Reise war aber noch nicht zu Ende, und ich musste weiter. Ich war danach noch bei einer alten Dame, sie war sehr einsam, und ich habe ihr ein bisschen Gesellschaft geleistet. Doch dann kam meine Zeit zu gehen.

Nun bin ich jung und liege in der Sonne. Es ist schön, die Welt von hier zu beobachten. Meine Men-

schen sind sehr lieb zu mir. Wir haben ein Baby bekommen, eine zuckersüße Maus. Babys sind sehr interessant, musst du wissen. Und nun bin ich hier, um das Baby zu lehren. Ich spreche viel mit ihr. Freue mich schon darauf, dass sie gehen kann. Dies braucht halt sehr viel Zeit bei euch Menschen.

Sag Regina, dass ich gerne bei ihr war und ich nicht im Groll gegangen bin. Es sollte so sein. Ich segne sie! Sage ihr noch, sie soll schauen ... sie wird wissen was ich meine!

Und er schickte noch ein Herz als Symbol der Verbundenheit.

Sheela ist nun seit 1998 Familienmitglied und hat alle Umzüge und Veränderungen miterlebt. Als meine Tochter – mittlerweile erwachsen – bei mir auszog, ließ sie Sheela wie selbstverständlich bei mir und meinte, so wäre ich nun nicht ganz allein.

Sheela ist eine so souveräne Persönlichkeit, dass sie nie Themen für mich getragen hat, wie viele andere Haustiere es machen. Sie zeigt auch wenig Empathie.

Bei meinem ersten Tierkommunikations-Seminar wollte eine Teilnehmerin zur Übung mit ihr Kontakt aufnehmen, was jedoch nicht klappte. Auch der Kontakt zur Kursleiterin, Maria Hubert, ergab nur ein kurzes Statement von Sheela: dass ihr Frauchen das ja jetzt gelernt habe und wenn sie was von ihr wissen wolle, könne sie sie nun selber fragen.

Ich habe dann abends mit Sheela gesprochen, wie wir es tagsüber gelernt hatten. Sie erzählte mir, dass sie Geselligkeit liebt und es mag, wenn viele da sind, vor allem ihre Schwester (mit der sie meine Tochter meinte). Sie wünsche sich, dass ich immer da sei und mehr in dieser Energie sein solle, mit der ich auch mehr arbeiten solle (damit meinte sie meine spirituelle Transformations-Therapie-Arbeit). Dann sagte sie noch:

Ich lebe dir vor, in der Gegenwart zu sein, meditativ, viel in Ruhe. Einfach sein! Öffne dein Herz! Ich will dich immer wieder erinnern, die Liebe zu leben, dein Herz zu öffnen.

Später hat Sheela in einem Gespräch mit einer Bekannten gesagt:

Ich will mich ja nicht aufspielen, aber ich glaube, dass ihr Menschen von uns Katzen noch viel lernen könnt. Beobachtet uns doch mal, wie wir entspannen und es uns gut gehen lassen. Na? Kommen euch da Ideen? Also: loslassen, relaxen, entspannen – dann mit neuer Kraft und Konzentration weitermachen.

Ich kann sie gut zu aktuellen „Problemen“ fragen. Wir Menschen neigen ja oft dazu, ins Drama zu gehen, wenn es mal nicht so läuft wie gewünscht. Sheela schafft es dann, mich wieder auf den Teppich zu bringen, zum Beispiel mit folgender Aussage:

Warte es ab. Es wird sich alles regeln. Rechtzeitig!

Auf meine Frage, was ich im Moment tun kann:

Lass das Thema los und genieße das Leben!

Ja, das stimmt wohl, es ist meist besser, gelassen und im Vertrauen zu bleiben. Dann ergeben sich oft erstaunlich geniale Lösungen.

Natürlich äußert sie auf Nachfrage auch ganz persönliche Wünsche:

Bürste mich öfter!

Na klar, das mag sie besonders gerne.

Eine ganz besondere Persönlichkeit war Kater Jimmy, der vier Jahre bei mir gelebt hat. Er sollte eigentlich als Gesellschafter für die Katzendame Sheela dienen, denn sie war plötzlich den ganzen Tag allein, weil ich durch meine Berufstätigkeit tagsüber nicht zu Hause war und meine Tochter ja nicht mehr bei uns wohnte. Also sollte eine zweite Katze gegen die Einsamkeit her. Ich machte mich über Tierschutzvereine und in Tierheimen auf die Suche. Die neue Katze sollte auch etwa zehn Jahre alt und eine reine Wohnungskatze sein, da Freigang in der damaligen Wohnung nicht möglich war.

Über einen Zeitungsbericht stieß ich auf eine Pflegestation eines Tierschutzvereins, wo sehr viele Katzen auf ein neues Zuhause warteten. Nachdem ich der Leiterin meine Umstände geschildert hatte, führte sie mich hoch ins Dachgeschoss in eine ruhige Ecke, abseits vom hektischen Katzengetümmel in den unteren Etagen. Dort lag Jimmy ganz gelassen und souverän auf einem Kratzbaum. Er schaute mich mit großen, tiefsinnigen Augen an, und ich spürte und wusste sofort, er ist es! Ich fühlte eine tiefe Verbundenheit und ein Einverständnis zwischen uns.

Zu der Zeit war ich erst drei Monate mit der Tierkommunikation vertraut und in der Hinsicht noch sehr angespannt. Ich habe dann nach unserer Begegnung zu Hause mit Jimmy medial Kontakt aufgenommen und ihn gefragt, ob er zu Sheela und mir kommen wolle. Er wollte sehr gerne und hat mir auch beschrieben, wo er vorher war und wie sein vorheriges Herrchen war. Der hatte ihn abgegeben, weil seine neue Freundin keine Katzen mochte und ein Umzug anstand. Das hat mir danach auch die Leiterin der Pflegestelle bestätigt. So kam Jimmy zu uns.

Leider war er sehr krank, was mir die Vermittlerin vorher nicht gesagt hatte. Seine Leber- und Bauchspeicheldrüsen-Funktionen waren geschwächt und durch zu hoch dosierte Medikation völlig aus dem Gleichgewicht geraten. Hilfe fanden wir bei Karin Baja, einer Tierheilpraktikerin, die durch ihre Behandlung mit Tierkinesiologie energetisch und mit homöopathischen Mitteln eine deutliche Erleichterung erzielte. Teil der Behandlung waren Gespräche mit Jimmy, in denen er ihr sagte, dass er in der Pflegestation beschlossen habe, aus diesem Leben zu gehen. Nun in der neuen Situation bei mir wolle er noch mal versuchen zu bleiben. Und er ist geblieben! Er wurde zwar nie mehr ganz gesund, aber er hat seinen Platz in unserer „Wohngemeinschaft“ eingenommen.

Nachdem er bei uns wieder zu Kräften gekommen war, überraschte er mich mit ganz besonderen Fähigkeiten, die ich erst nach einiger Zeit realisiert hatte. Mir fiel damals schon auf, dass er immer mit in den Therapieraum wollte, wenn Klienten kamen. Ich habe ihn aber ausgesperrt, sogar auf den Balkon auf der anderen Hausseite, weil er penetrant und laut maunzte und an der Tür kratzte, denn er wollte unbedingt dabei sein. Als eine liebe Freundin zu mir in eine Therapie-Sitzung kam, haben wir den Versuch gewagt, Jimmy im Raum dabei sein zu lassen. Die Freundin ist auch Katzenbesitzerin und hat auch die Fähigkeit, medial mit Tieren zu sprechen. Während der Sitzung war Jimmy sehr aufmerksam und arbeitete bei den Prozessen offensichtlich aktiv mit. Am Ende der Arbeit legte er sich auf das Knie, was meiner Freundin zu der Zeit schmerzte, und dabei schickte er ihr einen Film:

Wir waren alle in einer ägyptischen Tempelanlage. Außer meiner Freundin und mir waren noch einige andere unserer Freundinnen als Dienerinnen und Heilerinnen dort tätig und dabei alle unsere Katzen, die uns halfen und unterstützten.

Es war ein sehr starkes, beeindruckendes Szenario, und wir waren beide sehr ergriffen. Jimmy wunderte sich, dass wir uns daran nicht erinnern konnten.

Seitdem war er natürlich bei den Therapie-Sitzungen dabei, wenn er es wollte. Und es kamen nur Klienten, die damit einverstanden waren und sich oft auch darüber freuten. Er unterstützte die Prozesse ganz individuell, setzte sich unter den Stuhl des Klienten oder dahinter oder er legte sich vor die Füße. Dabei machte er die merkwürdigsten Geräusche, die die Menschen in ihrem Prozess wenn überhaupt nur als unterstützend wahrnahmen. Meist verließ er leise den Raum, wenn die Arbeit getan war. Bei der Verabschiedung kam er aber jedes Mal schnell dazu und holte sich ein paar Streicheleinheiten ab.

Mein „Heilerkater"! Der Blick in seine ungewöhnlich tiefgründigen Augen hatte eine Sogwirkung in seine Seelenwelt. Ein Foto dieser Augen sollte eigentlich auf das Buchcover, so hatte ich es mit ihm abgesprochen. Doch leider ist er, bevor das Buch fertig war, von uns in die andere Realität gegangen. Sein Körper hatte nicht mehr die Kraft durchzuhalten. Es geschah kurz nachdem wir von Köln hinaus in die Natur an den Waldrand gezogen waren. Er kratzte in der neuen Wohnung ständig an der Tür und wollte raus. Ich erinnerte mich an eine Aussage von ihm, als wir noch in der Etagenwohnung gelebt hatten, dass er die Sehnsucht habe, noch einmal um die Büsche zu streifen. So ließ ich ihn zusammen mit Sheela hinaus in unsere neue Umgebung. Und er ging zielstrebig in Richtung Wald und kam nicht wieder. Ich habe ihn natürlich überall gesucht, Freundinnen haben versucht, Kontakt mit ihm aufzunehmen, um ihn finden zu können. Über eine Tierärztin bekam ich die Mitteilung, dass ein sehr kranker Kater im Tierheim abgegeben worden sei und er von einem Kollegen sofort eingeschläfert wurde. Ich konnte ihn noch einmal tiefgefroren anschauen. Er lag friedlich eingerollt wie schlafend da, und trotz meiner Tränen und Trauer hatte ich das beruhigende Gefühl, dass es gut war.

Nach ein paar Monaten habe ich mit ihm Kontakt aufgenommen und folgendes Gespräch mit ihm geführt:

Wie geht es dir?

Mir geht es gut, ich habe mich erholt.

Es tut mir so leid, was dir hier passiert ist.

Mach dir keine Vorwürfe, ich hatte entschieden zu gehen. Ich wollte euch nicht länger zur Last fallen. Und es ging mir wirklich nicht mehr gut, meine Zeit war abgelaufen. Ihr habt mich da auch nicht mehr gebraucht. Du hast ja noch Sheela. Und die ist sowieso froh, dass ich weg bin, hat sie jetzt doch deine volle Aufmerksamkeit. Ich war für euch zuletzt nur noch eine Last.

Das stimmt nicht! Ich habe dich sehr lieb gehabt!

Ja, dafür danke ich dir. Das tat mir auch sehr gut, deshalb bin ich auch solange geblieben, bis du umgezogen bist. Eigentlich war meine Zeit vorher schon um. Deswegen war es gut, dass du mich da am Wald rausgelassen hast. Ich habe die Natur noch mal genossen. Und die Leute waren sehr lieb zu mir, die mich weggebracht haben. Auch der Arzt hat das nur gut gemeint. Ich bin dann ganz friedlich eingeschlafen. Als Claudia und Karin mit mir gesprochen haben, war ich in der Übergangsphase und wollte

nicht mehr zurück. Ich fühlte mich gut und wollte meine Ruhe!

Weil ich sehr weinte, sagte er:

Sei nicht traurig, ich bin ja da und werde dir bei dem Buch helfen. Danke für deine Liebe! Ich bin auch traurig, dass Berührung nun nicht mehr geht. Aber schau, Sheela hat ein viel weicheres Fell, als ich es hatte. Sie tröstet dich.

Kannst du mir etwas zu meiner verzwickten Situation sagen?

Ja, er will dich nicht loslassen (es geht um meinen Ex-Mann). **Deshalb versucht er zu blockieren, dass alles erledigt ist. Aber du bist stärker! Gib nicht auf, bleib in deiner Würde. Es klappt schon alles. Ich wusste, dass du das schaffst, deshalb konnte ich gehen!**

Ist da für mich noch ein Thema zu lösen?

In deiner Energie bleiben, im Vertrauen bleiben, an deiner Arbeit dran bleiben, nicht dadurch rausbringen lassen! Es ist für dich eine Prüfung. Halte durch, du schaffst das! Verbinde dich mit der göttlichen Energie ... dann wird alles gut! Halte die Energie, dann kann dir nichts passieren!

Was blockiert noch den Abschluss?

Hab Geduld, es wird schon! Der erlösende Anruf kommt. Warte ab! Es ist alles getan. Die Helfer sind dran und brauchen noch Zeit. Es ist ein Kampf gegen

den Widerstand. Aber das Licht gewinnt, hab Vertrauen. Ich hab dich lieb und ich bin bei euch!

Einige Monate später habe ich noch einmal mit ihm gesprochen, weil das drängende Problem immer noch nicht gelöst war. Und ich war sehr traurig, dass Jimmy nicht mehr da war. Er sagte mir:

Es tut mir auch sehr leid, dass ich nicht mehr bei euch bin. Aber ich versuche von hier, dir zu helfen.

Was blockiert jetzt noch?

Alles braucht seine Zeit! Geh in Frieden mit dieser Situation und lass los. Lass das Grundstück los, du brauchst die Sicherheit nicht. Es wird immer für dich gesorgt. Sei beruhigt, es wird dir geholfen. Sie sind dabei!

Warum dieser Druck?

Du wirst dadurch immer stärker, Du wirst geläutert. Du gehst als goldene Persönlichkeit da durch und dann durchs Tor. Dann ist die Erlösung.

Ist jetzt noch was zu lösen?

Jetzt lehne dich zurück und lass es geschehen, dann kann es frei fließen. Es ist jetzt gut. Du bist geschützt und gesegnet, lass los! Mach weiter mit dem Buch und lass das andere laufen.

Ich habe mit dem Buch weitergemacht, und nach einiger Zeit hat sich durch wundervolle Fügungen das Problem tatsächlich gelöst.

Dann gab es in unserer Familie noch den Eurasien-Mix-Rüden Rambo, der nun Basti heißt. Hier seine Geschichte: Ursprünglich lebte er bei einer jungen Frau und kam aus ihrem Elternhaus, wo sein Eurasier-Vater zu Hause war. Diese junge Frau hat sich eines Tages das Leben genommen, sie ist aus dem Fenster in der fünften Etage gesprungen. Rambo hat mir später erzählt, wie traurig er war und wie verzweifelt, weil er ihr nicht helfen konnte. Sie hatte ihm nicht zugehört, und er konnte sie nicht erreichen. Nach dem Tod seines Frauchens sollte er ins Tierheim, weil ihn sonst keiner in der Familie aufnehmen konnte. Davon haben meine Tochter und ihr damaliger Freund gehört. Sie konnte es nicht übers Herz bringen, ihn ins Tierheim gehen zu lassen, was am nächsten Tag passieren sollte. Sie hat gemerkt, dass er etwas Besseres verdient hat und in einem Tierheim völlig kaputt gegangen wäre, da er so lieb und feinfühlig war. Und weil sie sich schon ihr ganzes Leben sehnlich einen Hund gewünscht hatte, nahm sie Rambo ganz begeistert zu sich.

Es war aber auch ein süßer, kuscheliger Kerl, den jeder, der ihm begegnete, sofort ins Herz schloss. Beeindruckend seine großen liebevollen und ausdrucksstarken Augen und sein liebes Wesen. Ich konnte meine Tochter gut verstehen und war natürlich als „Oma“ gerne bereit, ihn ab und zu aufzunehmen, weil er nicht allein bleiben konnte. So hat sich zwischen uns schnell ein tiefes Vertrauensverhältnis entwickelt, und er harmonierte auch sofort wunderbar mit meinen beiden Katzen Sheela und Jimmy.

Es ergab sich leider bald, dass Rambo doch nicht bei meiner Tochter und ihrem Freund in der Wohnung bleiben konnte, und es fand sich ein neues Zuhause bei einem Paar aus Amerika in derselben Stadt. Der Mann arbeitete hier, und seine Frau hatte den ganzen Tag Zeit. Das ging ein halbes Jahr sehr gut, wobei Rambo oft bei meiner Tochter zum „Babysitten“ war. Leider zerstritt sich das Paar, und die Frau reiste Hals über Kopf zurück in die USA. Von heute auf morgen landete Rambo wieder bei meiner Tochter, bei der er aber ja nicht dauerhaft bleiben konnte. Da Mütter bei ihren Kindern schlecht Nein sagen können, lebte Rambo dann plötzlich bei mir, und ich hatte das erste Mal in meinem Leben einen Hund!

Ich spürte, dass er nach all dem Hin und Her bei mir zur Ruhe kam und sich sichtlich wohlfühlte. Zur großen Freude meiner Kolleginnen und Kollegen ging er mit mir tagsüber ins Büro und abends sogar auch mit zur Chorprobe. Beim Einsingen heulte er wie ein Wolf bei Vollmond, was jedoch nicht bei allen auf Begeisterung stieß. Es war schnell klar, bei mir konnte er auf Dauer leider auch nicht bleiben. Ich habe es ihm klar gesagt, ihm aber auch versprochen, eine gute Lösung zu finden und dass er nicht ins Tierheim kommt.

Bei mir im Haus hatte sich eine Nachbarin so in ihn verliebt, dass sie ihn aufnahm mit der Bitte, dass ich ihn zwischendurch öfter nehme und auch mit ihm zu festen Zeiten in den Park gehe. Das ging ein paar Wochen gut, doch Rambo spürte schnell die Unsicherheit seines neuen Frauchens. Er fühlte sich als Beschützer und führte sich auch so auf, er bellte unvermittelt Passanten an und ließ sich dann kaum beruhigen und bändigen. Er machte seinem Namen somit alle Ehre. Im Gespräch sagte er mir:

Ich fühle mich hier wohl. Ich weiß, ich kann ihr helfen. Ich will sie beschützen!

Auf meine Frage, warum er oft so heftig reagiere:

Leute im Gebüsch können gefährlich sein. Da war mal was, damals wurde mein Frauchen angegriffen ... der kam aus dem Gebüsch und wollte ihr etwas tun. Ich will heute mein neues Frauchen schützen, ich passe auf sie auf. Ich stell mich auf sie ein, es ist alles gut. Sie soll sich um mich keine Sorgen machen. Es ist unsere Aufgabe, uns auf den Menschen einzustellen und auf ihn aufzupassen. Ich bin für sie da! Das ist mein Job!

Irgendwann war die Nachbarin endgültig überfordert. Es war klar, sie kam mit seinem eigenwilligen Charakter nicht zurecht, und Rambo kam wieder zu mir.

Nun wollte eine Freundin ihn gerne nehmen, aber erst nach ihrem bevorstehenden Umzug aufs Land. So lange sollte Rambo also noch bei mir bleiben. Er ging nun tagsüber, während ich im Büro war, in einen „Hunde-Kindergarten". Ja, so etwas gibt es mittlerweile tatsächlich, und es klappte erstaunlich gut. Er sagte dazu:

Es ist okay. Besser als den ganzen Tag allein zu Hause. Manchmal nerven mich die anderen Hunde. Sie wollen immer spielen und toben, aber da bin ich gar nicht so dolle drauf. Und es ist oft laut. Einige der „Tölen" kläffen den halben Tag. Puh! Aber ich halte durch. Das schaffe ich auch noch. Außerdem habe ich ja ein wundervolles Ziel vor Augen: Ein Leben mit ihr auf dem Land! Was will ein Hund mehr?!

Das Gespräch hat damals Dorothee Bourauel geführt und ihr sagte er auch:

Ich bin schon manchmal ein kleiner Dickkopf und Sturkopf. Das ist halt einfach so meine Art, manchmal. Ich würde gerne meinen etwas sturen Charakter behalten. Ich habe mich daran gewöhnt und ihn sogar lieben gelernt. Ich bin, wie ich bin.

Dorothee fragte ihn nach einer Botschaft für mich und meine Tochter:

Sie waren schon auch sehr lieb zu mir und haben sich rührend um mich gekümmert. Aber es war noch nicht mein Zielort. Das sollt ihr wissen. Auch deshalb, weil ich mich auf die Zeit mit meinem neuen Frauchen freue. Es ist mein Zielort, und durch euch bin ich dorthin gekommen. Also bitte macht euch niemals Vorwürfe, weil ihr mich nicht mehr halten

könnt und weggeben müsst. Es ist alles in göttlicher Ordnung! Alles hat seinen Sinn und seinen Weg!

Wenn ich euch etwas sagen darf, dann dass ich euch wünsche, dass ihr euer Vertrauen wiederfindet. Euer göttliches Urvertrauen! Das wird euch das Leben sehr erleichtern.

Und ich möchte mich bei euch bedanken, für alles, was ihr für mich getan habt. Ich umarme euch und sage voller Freude Danke dafür. Auch dafür, dass ihr mich loslasst. Ich wünsche euch auf eurem weiteren Weg viel Liebe und göttliche Führung!

Als Abschlussmitteilung:

Bleibt alle im Vertrauen und in der Liebe!

Vor Beginn seines neuen Lebensabschnittes stand nun endlich seine Namensänderung an. Ich hatte ihn gefragt, ob er damit einverstanden sei, und er sagte:

Ja, das wäre okay, wenn ich einen anderen Namen bekäme. Ich hätte gerne einen freundlichen Namen.

Er selber wollte gerne Benny heißen, aber sein zukünftiges Frauchen nannte ihn Basti.

Vor dem Umzug übten die beiden öfter ihr gemeinsames Zusammenleben, und Basti verbrachte immer öfter mehrere Tage bei ihr. Dabei stellte sich schnell heraus, dass er die gleichen Verhaltensweisen an den Tag legte wie bei der Nachbarin zuvor. Es ging leider doch nicht! Meine Freundin sagte mir einen Tag vor dem Umzug, dass sie Basti nicht mitnehmen könne!

Und nun war er wieder bei mir! Für mich brach eine „kleine Welt“ zusammen. Was sollte ich nun machen, ich konnte ihn nicht behalten, und ich hatte ihm doch versprochen, dass er nicht ins Tierheim kommt. Ich umarmte ihn weinend, schluchzend und völlig ratlos. Ich spürte, dass er alles verstand, es aber ganz gelassen nahm. Er tröstete mich sogar.

Es wird sich schon noch was ergeben!

In meiner Verzweiflung mailte ich anderen Freundinnen, die auch einen „Tierdraht“ haben, und bat sie um Hilfe. Meine liebe Freundin Jutta Vormann-Klein, die sehr internetversiert ist, organisierte einen bundesweiten Hilferuf an alle möglichen Zucht- und Tierschutzverbände mit meiner Verzweiflungsmail. Ich hoffte nun nur noch auf ein Wunder und erinnerte mich an Bastis Worte, im Vertrauen zu bleiben.

Und es geschah das Wunder! Ich bekam tags darauf einen Anruf von einem Herrn, der nur kurz wissen wollte, wie der Hund seine Rute trage. Wie Basti seinen Schwanz trug, war mir in meinen Emotionen bisher völlig egal gewesen, aber ich beschrieb dem Herrn Bastis Aussehen, und bevor ich noch eine Frage stellen konnte, war das Telefonat beendet.

Am selben Abend kam die Erklärung. Ich bekam eine Mail von einem älteren Ehepaar aus Niedersachsen, das durch diesen Herrn auf Basti aufmerksam geworden war und einen Nachfolger für seine kürzlich verstorbene Eurasier-Hündin suchte. Er sollte gerne schon etwas älter sein und ähnlich aussehen. Die hoch geschwungene Rute ist eben ein wichtiges

Zuchtkriterium für Eurasier, und die hatte Basti zum Glück von seinem Vater geerbt.

Von den Fotos waren die Interessenten schon mal begeistert, und so kamen sie einige Tage später zu uns, um Basti kennenzulernen. Ich habe mit Basti vorher gesprochen, ihn auf den Besuch vorbereitet und ihn gebeten, sich von seiner besten Seite zu zeigen. Er sollte brav neben mir sitzend warten, wenn die beiden eintrafen, und aufs Wort hören! Als jedoch der Aufzug neben unserer Wohnungstür aufging, hielt ihn nichts mehr, er lief den beiden freudig wedelnd entgegen und begrüßte sie überschwänglich. Und es war Liebe auf den ersten Blick. Alle drei waren sofort voneinander angetan. Basti legte beim gemeinsamen Kaffee vertrauensvoll seinen Kopf auf den Oberschenkel seines zukünftigen Herrchens und ließ sich ausgiebig knuddeln.

Während unseres Gesprächs beobachtete ich eine beeindruckende Begebenheit am Rande. Kater Jimmy hatte die ganze Zeit die Szene aus dem Hintergrund beobachtet und ging plötzlich auf Basti zu. Auch Basti ging zu Jimmy hin, und beide stupsten ihre Nasen aneinander. Dann schlenderte Jimmy ganz gelassen aus dem Zimmer. Offensichtlich hatten beide voneinander Abschied genommen, denn es war wohl schon klar, dass Basti mitfahren würde, obwohl wir Menschen das noch gar nicht besprochen hatten.

Es war tatsächlich so – sie nahmen Basti ganz begeistert mit. Und er ging, ohne sich noch mal umzudrehen. Er kam in ein Hundeparadies: Sein neues Zuhause ist in einem Blockhaus mit großem Grundstück mitten im Wald. Und er hat den Job aufzupassen, ein treuer Lebensgefährte zu sein und mit seinen neuen Besitzern zu kuscheln. Dank der großen Hunde-Erfahrung kamen sein neues Frauchen und Herrchen mit seinem sturen Charakter und seinen „schlechten Angewohnheiten“ nach einigem Üben gut zurecht. Noch nach vier Jahren kommen begeisterte Mails über „unseren“ tollen Knuddel-Hund. Danke an alle Beteiligten, die dieses Wunder möglich gemacht haben!

Gespräche mit anderen Haustieren

Mein allerererstes Gespräch hatte ich mit einer kleinen Katze. Das war schon sehr beeindruckend. Ich fragte sie, was ihre Lieblingsbeschäftigung sei:

Träumen, die Natur spüren, den Duft der Luft, die Vögel hören, die Schönheit um mich genießen.

Ihr sehnlichster Wunsch sei: Frieden!

Nachdem sie mir etwas Persönliches zu ihrem Frauchen erzählt hatte, diktierte sie mir selbstbewusst und sehr bestimmt, das Folgende sei jetzt für alle:

Lasst die Gedanken los. Genießt den Augenblick und das, was schön ist! Es ist immer irgendetwas schön!

Was ist deine Aufgabe hier?

Ich zeige euch das, was eigentlich wichtig ist.

Willst du noch etwas mitteilen?

Wir Katzen wollen mehr Frieden auf die Erde bringen, dafür sind wir in erster Linie hier.

Eine andere Katze hat mir einmal gesagt:

Ihr Menschen habt immer so viel zu tun und seid

so hektisch. Wir Katzen sind da, um euch Gelassenheit und Ruhe zu zeigen. Genießt den Augenblick und lasst ihn gaaanz lang werden.

Dabei schnurrte sie deutlich hörbar.

Ähnliches wurde mir in einer Kommunikation mit einem massiven, großen Hund mit dunklem Zottelfell übermittelt:

Ich bin da, um den beiden (Frauchen und Herrchen) **Ruhe zu zeigen, damit sie sich mehr erden. Mein Frauchen ist oft so hektisch, dann muss ich ihr zeigen, dass es ums Hier und Jetzt geht und darum, in der Gegenwart zu sein und zu genießen, was da ist.**

Was hast du hier für eine Aufgabe?

Ich bin sehr mit der Erde verbunden und mit den Erdwesen. Ich will den Menschen helfen, besser in die Erdenergien zu kommen und sich mehr damit zu verbinden und mehr Abstand zur Astralwelt zu kriegen. Ich bringe eine gewisse Schwere, um die Menschen auf den Boden zu bringen.

Willst du noch etwas mitteilen?

Sag den beiden, ich bin sehr gerne bei ihnen und fühle mich bei ihnen wohl. Eine Lektion haben aber beide noch nicht ganz angenommen. Deshalb muss ich ab und zu mal im Weg stehen. Den Menschen fehlt oft die Geduld, das Wesentliche wahrzunehmen.

Was wünschst du dir von ihnen?

Ja, etwas mehr Aufmerksamkeit und Zuwendung. Weniger Aktion und Hektik. Bürsten habe ich gerne, aber bitte vorsichtig!

Nett, mit dir gesprochen zu haben. Mach's gut!

Hilfreiche Lebenshinweise bekam ich mal von einem sehr weisen Hund für eine Familie übermittelt, in der es Probleme mit dem bereits erwachsenen Sohn gab. Zu dem Gespräch kam der Hund mit geducktem Kopf auf mich zu und ich spürte leichte Magenschmerzen. Ich fragte ihn danach:

Es liegt mir was auf dem Magen. Da ist eine Belastung in der Familie. Die Sorge um die Zukunft des Jungen bedrückt mich, die Unsicherheit belastet.

Was hast du für einen Tipp?

Seid zuversichtlicher, nicht so skeptisch und negativ. Der Junge soll sich das genau vorstellen, was er will. Dann kommt das auch, freudevoll ausmalen in der Vorstellung, so wie es am besten wäre. Nicht denken, das geht ja doch nicht. Dann kann es auch nicht klappen.

Sie soll geduldiger sein, nachsichtiger und klar. Sie muss auch an ihn glauben und sie soll ihn auch mal loben, das braucht er jetzt auch. Sie soll sich mehr auf ihre Sachen konzentrieren und sich auch vorstellen, wie es am besten wäre mit Freude und Lebenslust.

Ja, wir brauchen alle mehr Freude, Unbeschwertheit und Lebenslust! Wir Tiere wollen euch Men-

schen das zeigen, wie es geht, dass man das Leben auch so leben kann. Es wäre gut, wenn der Junge ins Leben hinausgeht, er muss aus dem Nest raus. Welpen müssen irgendwann selbständig sein. Die Zeit ist gekommen, dann bekommt er auch mehr Drive. Sie muss ihn gehen lassen! Ich find's auch traurig, wenn er geht. Aber so ist der Lauf der Dinge und des Lebens. Dann sind alle frei! Jetzt blockieren sie sich gegenseitig. Klarheit muss her und Leichtigkeit!

Franka, eine blonde, ältere Hovawart-Hündin sagte mir einmal:

Es ist oft eintönig. Uns fehlt die Lebensfreude. Er (ihr Herrchen) **ist nicht so fröhlich wie früher. Ist oft traurig. Ich hab das Gefühl, ihm fehlt was im Leben. Die Lebendigkeit ist weg, alles ist so eingespielt. Mein Herrchen ist oft traurig, mir kommt es vor, manchmal etwas resigniert. Und ich schaffe es nicht, ihn aufzuheitern. Das drückt mich etwas. Er sollte mehr lachen und das Leben unbeschwerter genießen. Ihr Menschen nehmt vieles so schwer Genießt das Leben, den Moment! Was gerade da ist, ist ein Geschenk. Und uns geht es doch so gut! Warum macht mein Herrchen sich so oft Sorgen und ist so nachdenklich? Es ist doch alles da! Ihr Menschen müsst es nur wahrnehmen und nehmen … Ja, ja, und dann genießen!**

Diese Schwere von meinem Herrchen lastet auch auf mir. Denn ich will das für ihn tragen, damit er fröhlicher sein kann.

Willst du noch etwas sagen?

Sag ihm, ich hab ihn sehr, sehr lieb und ich bin gerne bei ihm. Er soll einfach leben, es muss nicht alles perfekt sein. Das passt zurzeit sowieso nicht.

Wie meinst du das?

Zurzeit ist eher Chaos. (Das Gespräch fand im August 2010 statt.) **Deshalb müssen wir das genießen, was da ist.**

Etwa ein Jahr später sprach ich wieder mit Franka, weil ihr Herrchen wissen wollte, ob sie krank sei.

Wie geht es dir?

Sie schaut wehmütig.

Ich bin bedrückt. Mein Herrchen hat so was Schweres.

Was meinst du damit?

Er ist so schwermütig, trägt was mit sich rum, was ihn runterzieht.

Was ist es?

Er kann was nicht aussprechen. Ich merke das an meinem Hals, so als würde er zugedrückt am Kehlkopf.

Was drückt da?

Es ist wie eingeschnürt, als würde was zugezogen.

Ist es dein Halsband?

Das ist anders. Nein, es ist wie ein Ring um den Hals, fest und starr und viel zu eng. Mein Herrchen muss es sprengen. Es ist, als würde er damit angekettet sein.

Wie kann er das lösen?

Er soll sich freisprechen, es muss was ausgesprochen werden. Es sitzt wie ein Kloß im Hals. Das nimmt ihm auch die Energie ... und mir auch.

Was soll er aussprechen?

Ich glaube nicht, dass ich dir das sagen darf. Das wird er selber herausfinden. Es ist wie ein Ballast, den er abstreifen muss.

Wie soll er das machen?

Es ist nicht körperlich, gesundheitlich zu lösen, sondern auf Seelenebene. Da ist noch was Wichtiges zu klären.

Was soll er noch klären?

Ich weiß nicht, ob wir darüber sprechen dürfen. Er wird es selber wissen. Alles weiß ich auch nicht davon. Ich spüre nur, dass ihn das noch belastet, und das bedrückt uns. Es tut mir leid, wenn er nicht glücklich ist. Es zieht mich sehr runter.

Ihr Herrchen hat das sehr bewegt, und er gab mir und Franka die Erlaubnis, konkreter darüber zu sprechen. Das Gespräch fand im Juni 2011 statt.

Ich frage dich mit Erlaubnis von deinem Herrchen, ob du mir noch mehr sagen kannst, was er aussprechen soll?

Er soll viel mehr darüber sprechen, was er alles weiß. Es gibt so viele Menschen, die jetzt und demnächst eure Hilfe brauchen. Und er hat so ein Potenzial ... was er aber nicht weitergibt.

Wie soll er das machen?

Es aussprechen, was er weiß, was aus ihm kommt. Es gibt viele, die jetzt dafür offen sind, denen das hilft. Und er kann helfen. Er hat das alles viel zu lange in sich gehalten. Es ist jetzt eine andere Energie, es ist die Zeit gekommen, das Wissen noch mehr rauszubringen. Er hat doch alle Möglichkeiten. Er lenkt sich durch das ständige Tennis vom Wesentlichen ab. Macht ganz viel, um dem auszuweichen. Die Menschen brauchen jetzt sein Wissen. Er gehört zu den Lichtarbeitern, die jetzt agieren müssen. Ihr seid doch aufgerufen, jetzt zu unterstützen. Und er umgibt sich mit Leuten, die nicht offen dafür sind. Die, die ihn brauchen, sind woanders. Er sollte sich für die öffnen, dann kommt wieder das Glück in ihn. Dann bekommt er wieder alle Unterstützung und Energie und es kann fließen. Jetzt blockiert er den Fluss noch ab. Er hat doch den Raum, es sollten Menschen zu ihm kommen können, denen er viel ge-

ben kann. Die Unterstützung dafür kommt dann aus dem geistigen Bereich.

Gibt es noch einen anderen Bereich, wo es noch was zu klären gibt?

Da weiß ich jetzt nichts. Da ist er auf einem guten Weg, seine Themen zu klären. Das ist schon okay.

Gibt es noch etwas zu sagen?

Er könnte sein Buch überarbeiten und neu rausbringen. Darüber kommen dann die Menschen.

Ich danke dir!

Sie läuft schwanzwedelnd davon. Eine tolle Hündin mit Talent zur Therapeutin!

Mit dem Hund Bonny sollte ich sprechen, weil er offensichtlich ab und zu Bauchschmerzen hatte. Er meinte, die Schmerzen seien nicht schlimm und er brauche keine Hilfe. Mit solchen Aussagen bin ich allerdings vorsichtig und empfehle trotzdem, den Rat eines Tierarztes einzuholen. Wir wissen ja, wie ungerne unsere Tiere in eine Arztpraxis gehen – es könnte ja unangenehm werden!

Im weiteren Gespräch sagte er, sein Frauchen solle sich nicht so hetzen:

Das Leben mehr genießen, spielen, mehr Lebensfreude, das wollen wir Hunde den Menschen zeigen. Ich trage ihre Sorgen mit, sie soll sich nicht so viel Sorgen machen. Sie soll mehr Vertrauen ins Leben haben, es wird immer für sie gesorgt. Es ist schön, wenn sie lacht, sie soll mehr lachen! Ich trage noch eine Zeit lang das Schwere mit, bis ich nicht mehr kann. Sie soll mehr Leichtigkeit in ihr Leben bringen, dann geht es mir auch besser. Ich liebe sie so sehr, und es macht mich traurig, wenn sie alles so schwer nimmt und sich Sorgen macht.

Es ist für mich oft nicht leicht, den Menschen solche ehrlichen Aussagen zu übermitteln. Oft ist es für sie ein Schock, dass ihre Tiere so deutlich die Probleme erspüren und dann versuchen, sie mitzutragen, und dadurch sogar krank werden. Ja, dass die Erkrankungen oft mit den Themen der Menschen zusammenhängen, ist schwer anzunehmen. Aber das ist offenbar für die meisten Tiere selbstverständlich, und sie tragen es gerne, um ihren Menschen das Leben zu erleichtern.

Manchmal gibt es auch konstruktive Tipps. Wie von diesem Hund für sein eher maskulin wirkendes Frauchen, das Hüftschmerzen hatte und trotzdem ehrenamtlich, sich selbst aufopfernd, im Tierschutz arbeitet:

Meine Gelenke gehen schwer. Ich merke das bei meinem Frauchen und ich will sie da entlasten. Ich trage es gerne, damit es ihr besser geht. Denn die anderen Tiere brauchen sie. Sic ist so lieb und liebevoll

und hilft so viel. Ich will ihr dabei helfen. Aber sag ihr, sie soll sich mehr schonen, langsamer machen, sich Unterstützung holen. Sie soll nicht alles allein machen. Sie übernimmt sich da oft. Sie soll da mehr auf sich achten, sie ist sich selbst das Wichtigste. Das vergisst sie meist. Sie braucht mehr Ruhe und mehr Besinnung auf sich selbst. Beim Aufopfern gibt man zu viel Energie ab, die man für sich selbst braucht. Sie muss dringend besser haushalten mit ihren Energien. Es ist jetzt erst mal eine Phase der Aufladung dran – sich mehr zurückziehen und tanken.

Wie soll sie das konkret tun?

Sie soll sich mehr ausruhen und sich was Schönes gut tun, was sie sich eigentlich nicht wagt zu gönnen. Was schönes Weibliches, zum Beispiel warmes Bad mit Rosenblüten, weiche Ölmassage ... vor allem Wärme und Licht, bunte Farben, Leichtigkeit, ein duftiges Sommerkleid über der Wollhose ... tanzen, schöne sanfte Musik und weich tanzen, was Sanftes tun, ein weiches Tuch umlegen und träumen. Ja, wir Tiere zeigen es euch: Träumt einfach mal, einfach so und nicht immer was machen müssen. Das Pendel muss auch mal zur anderen Seite ausschlagen. Dann kommt mehr Lebendigkeit, Leichtigkeit ins Leben ... ja, und dann die Freude. Wenn wir das hinkriegen, wird es mir auch viel besser gehen, habe ich auch mehr Lebensfreude. Die fehlt zurzeit bei uns.

Und sag Danke an mein Frauchen, dass sie so für uns sorgt und ihr Herz gibt. Ich habe sie sehr lieb! Danke für dein Zuhören!

Na, da opfern sich die Tiere ja für uns Menschen auf durch ihr „Mittragen“. Aber offensichtlich können sie nicht anders, wie diese Hündin im Gespräch vermittelt:

Ich bin bedrückt.

Was bedrückt dich?

Es ist im Moment alles so verworren. Es belastet mich, dass mein Frauchen im Moment so durcheinander ist. Ich spüre Chaos. Das macht mich sehr nervös.

Beißt du dich deshalb an den Pfoten?

Ja, ich möchte ihr gerne helfen, fühle mich aber hilflos und kann nichts machen.

Dein Frauchen bittet dich, nichts für sie zu tragen, sie will das allein schaffen.

Aber ich gehöre doch zu ihr und bin für sie da (weint). **Ich kann nicht anders. Das ist unser Job als Menschenhund, unseren Menschen beizustehen und zu helfen. Sie soll sich keine Sorgen machen, ich kriege das für mich geregelt. Es ist nicht immer nur alles easy. Es gibt Phasen der Arbeit und Belastung, da müssen wir jetzt durch. Und ich mache es gerne, dass ich ihr was abnehme, denn ich habe sie sehr, sehr lieb.**

Also willst du nicht woanders hin? (Das sollte ich fragen, weil ihr Frauchen sich so überfordert fühlte.)

Oh nein, nein! (Ist ganz entsetzt.) Ich gehöre doch zu ihr!

Was brauchst du, damit du dich entspannen kannst?

Es ist nicht hilfreich, dass sie sich um mich auch noch Sorgen macht. Sie soll sich jetzt auf sich selbst konzentrieren und das Chaos im Kopf lösen. Ich sorge schon für mich. Es ist ja klar, dass ich den Stress spüre und er mich auch belastet. Das ist nicht zu vermeiden, wenn man so liebevoll verbunden ist wie wir. Ich weiß ja, dass sie die Knoten gelöst bekommt. Vielleicht muss ihr auch mal jemand dabei helfen. Aber ich weiß da im Moment auch keine Lösung. Das ist es ja, was mich so kribbelig macht.

Was wünschst du dir von deinem Frauchen? Was kann sie tun, damit du dich wohlfühlst?

Es ist sooo schön, wenn wir draußen in der Natur laufen. Richtig in der Natur, wo auch die anderen Naturwesen sind. Die geben uns Lebensfreude, geben uns Kraft und Energie. Ich laufe doch so gerne. Und das tut auch ihr gut, dann bekommt sie einen klaren Kopf. Und ich merke, wie es ihr dann besser geht. So bekommt sie neue Impulse. Ja bitte, lass uns mehr in die Natur gehen, das gibt uns mehr Lebensfreude!

Möchtest du deinem Frauchen noch was sagen?

Sag ihr bitte, sie soll sich um mich keine Sorgen machen. Ich bin gerne bei ihr und stehe mit Liebe

an ihrer Seite. Das ist meine Aufgabe. Ich weiß, ich kann ihr nichts abnehmen, aber unterstützen tue ich sie gerne. Und ich habe sie ganz, ganz lieb, und sie soll mich bitte nicht weggeben. Ich gehöre doch zu ihr!

Kannst du mir noch beantworten, ob du Schmerzen hast und ob du körperlich was brauchst?

Nein, Schmerzen habe ich nicht. Klar, das mit den Pfoten juckt richtig, ist aber nicht schlimm. Ich reagiere mich damit etwas ab. Sonst habe ich ja alles. Es ist alles gut! Danke dafür! Und Danke für euer Interesse an mir. Ich bin beeindruckt. Danke!

Es gibt Situationen, in denen die Tiere in ihrem Verhalten so schwierig werden, dass ihre Menschen ratlos und völlig genervt sind, so wie bei dieser Hündin, die zu der Zeit allerdings erst etwa ein Jahr alt war:

Ich fühle mich manchmal sehr unsicher. Ich weiß manchmal nicht, was ich soll und wo es langgeht. Mir fehlt ein Rudelführer, dann laufe ich mit. Ich wünsche mir einen klaren Weg … wo es langgeht. Mir fehlt ein Rahmen, wie weit ich darf. Ich will die beiden nicht verletzen, aber manchmal weiß ich nicht, was Sache ist, was ich soll und was ich nicht darf. Deshalb bin ich oft so ungestüm. Ich brauche mehr Klarheit. Sie sollen mir klar sagen, was ich nicht soll. Manchmal weiß ich gar nicht, was los

ist ... ich bin dann hin- und hergerissen ... alles ist wischi-waschi. Ich kann dann gar nicht klar denken.

Ich wünsche mir mehr Halt. Ja, meinetwegen eine härtere Hand, dann weiß ich wenigstens, was Sache ist. Ich bin so ziemlich durcheinander. Es ist mit euch Menschen anders als im Rudel. Da ist eine klare Hierarchie. Bei euch ist es mal so, mal so. Ich bin sehr durcheinander, es fehlt mir die klare Linie. Ich weiß oft nicht, was Sache ist, was ich soll und was ich nicht darf.

Was willst du damit ausdrücken, dass du deinem Frauchen ans Bein pinkelst?

Ich markiere, es ist ja mein Frauchen. Ich kann sie oft nicht respektieren, weil alles so unklar ist. Und ich will provozieren. Ich will Klarheit, klare Aussagen und Handlungen. Ich brauche eine klare Führung. Ich hoffe immer, dass sich was ändert, deshalb mache ich oft verrückte Sachen. Ich bin kein Kinderersatz, sondern ein Hund. Das ist eine andere Welt, da müssen sich die Menschen anders drauf einstellen. Ich fühle mich da überfordert von den Erwartungen. Ich möchte ein einfaches Leben ohne Menschenverstrickungen.

Möchtest du ihnen noch was sagen?

Ach, ich habe beide so lieb. Es tut mir leid, dass es manchmal schwierig ist. Ich möchte ja, wenn alles klarer wäre. Ich wünschte, es wäre alles einfacher. Sag ihnen alles Liebe!

Es kann auch Probleme geben, wenn ein neues Tier in die Familie kommt und sich dadurch das System verändert. Das war bei einer Freundin so, die schon länger eine Katze zu Hause hatte und eines Tages einen lebhaften Hund aus dem Urlaub mitbrachte. Bei meinem Gespräch mit der Katze kam sie nur zögernd auf mich zu und sprach auch sehr traurig:

Ich habe Angst vor dem merkwürdigen Wesen da. Es stört uns.

Wovor hast du Angst?

Der Hund dringt in mein Refugium ein. Er könnte mich verdrängen und ich muss dann gehen. Er könnte mich bedrängen und einengen. Es ist hier doch mein Zuhause, und mein Frauchen soll doch nur für mich da sein. Der Hund ist ihr jetzt wichtiger. Und sie war so lange weg und bringt dann dieses Ungestüm mit in meine Welt. Das ist ein Eindringling!

Ich erkläre ihr, dass ihr Frauchen sie noch genauso lieb hat wie vorher und sie die älteren Rechte habe. Sie solle ihrem Frauchen nicht böse sein.

Kannst du das annehmen?

Sie seufzt.

Ich will es versuchen. Es ist noch so ungewohnt und neu.

Kannst du versprechen, dass du wiederkommst, wenn du draußen warst?

Ich schau mal. (Ist sehr trotzig.) **Na ja, gut!**

Möchtest du deinem Frauchen noch was sagen?

Ach nee, lass mal!

Das Zusammenleben hat sich danach immer mehr entspannt und ist mittlerweile völlig unproblematisch.

Schwierigkeiten gibt es auch schon mal mit Hunden, die aus Tierschutzstationen in Südeuropa kommen. Diese Tiere haben oft Schreckliches erlebt und finden sich nur mit viel Geduld ihrer neuen Besitzer in der ungewohnten Umgebung zurecht.

Hier ein Gespräch mit Rony, einem kleinen Mischlingshund aus Spanien. Er wurde damals in einer verlassenen Wohnung ausgemergelt gefunden, wo er zehn Tagen allein und vergessen ausgeharrt hatte.

Wie geht es dir?

Mal so, mal so, bin etwas sprunghaft.

Warum?

Ich fühle mich etwas zerrissen. Hier das ist nicht meine Heimat und Hunde sind Rudeltiere, mein Rudel ist weg. So allein, das bin ich nicht gewohnt.

Auf meine Aussage, dass es ihm doch hier gut geht:

Ja, mein Frauchen ist ganz lieb zu mir. Aber es ist schwer, Vertrauen zu finden.

Warum?

Ich bin sprunghaft und merke, sie ist damit überfordert. Das ist mein Wesen, ich kann nicht anders und habe Angst, sie hält das nicht aus. Ich bin schwierig, etwas treibt mich innerlich.

Was treibt dich?

Eine Unruhe, dass ich manchmal platzen will.

Wo kommt das her?

Menschen haben mich tief verletzt. Es ist schwer, wieder Vertrauen zu finden.

Bist du bereit dazu?

Ja, ich möchte gerne meine innere Ruhe zurück, zur Ruhe kommen, ankommen.

Was brauchst du dafür?

(Er seufzt.) **Ach, eigentlich ist ja alles da.** (Er weint ein wenig.) **Ich möchte ja gerne. Sie soll bitte die Geduld nicht verlieren.**

Warum machst du es ihr so schwer?

Ich weiß auch nicht, sagte ja schon, bin innerlich zerrissen.

Was brauchst du, dass das heilen kann?

Wuff … (Wieder Tränen.)

Was hindert dich daran, glücklich zu sein?

Hm … (Er wird ruhiger, legt sich hin und überlegt.)

Was kann dein Frauchen für dich tun?

Sie hat innerlich auch so eine Zerrissenheit, ich versuche, ihr das abzunehmen, weil ich das kenne. Aber sag nichts, ich will ihr nicht wehtun!

Gibst du mir die Erlaubnis, es ihr zu sagen? Denn das hilft euch beiden.

Ja, gut. Ja, ich denke, wir kriegen das hin.

Willst du ihr noch etwas sagen?

Ich habe sie sehr lieb und will bitte, bitte bei ihr bleiben dürfen. Wir müssen beide mit uns Geduld haben. Hier ist vieles für mich anders und neu. Ja, erzähl ihr das alles.

Er weinte wieder ein wenig. Danach lief er deutlich erleichtert und fröhlich davon.

Sein Frauchen hatte dann noch Sorgen, ob er einen empfindlichen Magen, Herzprobleme und Allergien hat. So habe ich noch mal mit Rony gesprochen: Dabei kam er schwanzwedelnd auf mich zugelaufen. Er freute sich.

Dein Frauchen macht sich Sorgen um deine Gesundheit, wie geht es deinem Magen?

Manchmal ist da etwas Ziehen, dann habe ich keine Lust zu Essen. (Es fühlt sich in meinem Magen an wie zu viel Säure.) **Ist aber nicht schlimm, nur wenn ich etwas nervös bin. Geht dann wieder weg.**

Was ist mit deinem Herz?

Manchmal hatte mich die Angst bedrückt. Aber ich brauch ja keine Angst mehr zu haben. Manchmal überschlägt sich das Herz auch, wenn ich mich so freue. Es schlägt oft schnell, aber so bin ich. Es ist alles in Ordnung, sie braucht sich keine Sorgen machen.

Hast du irgendwelche Allergien?

Er schaut mich fragend an mit schräg gestelltem Kopf.

Juckt dich was, oder ist etwas unangenehm?

Ach nein, da ist nichts. Ich bin manchmal hektisch, das ist mein Wesen. Es ist auch vieles aufregend und spannend in eurer Menschenwelt. Da ist mir manches fremd. Ich lerne noch. Ich werde mit der Zeit ruhiger. Sie braucht sich wirklich keine Sorgen machen. Ich fühle mich wohl so und fühle mich auch bei ihr wohl.

Die Hündin Lisa kam aus einer Tötungs-Station auf Mallorca und verhielt sich sehr ängstlich gegenüber Männern und auch ihrem Herrchen gegenüber. Sie hat mir Folgendes mitgeteilt:

Hallo, schön, dass du mit mir reden willst. Mir geht's gut! Ich bin ja so glücklich, dass ich ein so schönes Zuhause bekommen habe. Ich bin so dankbar auch für die Liebe von meinem Frauchen. Ja, und mir geht es hier sooo gut. (Ist total überschwänglich.)

Warum bist du dann oft so ängstlich bei deinem Herrchen und anderen Männern?

Oh, das war damals ganz schlimm, da wo ich früher war. Da waren immer die schwarzen Schuhe, die haben mich getreten. Es waren Männer, die mich getreten haben. Vor allem damals der Mann, wo ich lebte, der hasste mich. Er hatte so eine furchtbare Ausstrahlung. Ich habe gespürt, dass er mich nicht wollte. Er wollte, dass ich wegkam. Mir hat das sooo Angst gemacht. Es war schrecklich, und es tat oft so weh. Es war eine furchtbare Zeit. Dann haben die mich da hingebracht, wo der Tod war. Es war die Hölle! Alle hatten solche Angst und wussten, dass sie sterben sollten. Die Verzweiflung war so zu spüren. Das kann sich kein Mensch vorstellen, was für ein Leid der Tiere. Wie können Menschen so herzlos

mit Tieren umgehen. Das kann ich nicht vergessen, deshalb kommt die Angst oft wieder hoch. Bei meinem Frauchen fühle ich mich wohl, da spüre ich die Herzensliebe. Bei dem Mann bin ich noch sehr vorsichtig. Ich weiß nicht, ob ich ihm vertrauen kann. Er hat ja auch oft so Männerschuhe an. Das kann ich noch nicht vergessen, dann kommt immer wieder diese Angst hoch.

Was brauchst du, damit du mehr Vertrauen finden kannst? Was soll er dafür tun?

Ich bin einfach so glücklich, wenn mein Frauchen bei mir ist. Vielleicht brauche ich einfach mehr Zeit, mich an die neue Situation zu gewöhnen. Ich spüre ja schon, dass er mir nichts Böses will.

Spürst du nicht, dass er dich auch sehr gerne hat?

Ja ... (zögerlich) Ja doch, das spüre ich schon. Aber es könnte ja sein, dass das schnell umschlägt. Bei Männern weiß man ja nie.

Aber Lisa, die Männer hier sind meist sehr liebevoll. Denen kannst du vertrauen und vor allem deinem neuen Herrchen. Ihm kannst du genauso vertrauen wie deinem Frauchen.

Meinst du? Ich weiß noch nicht so recht. Ich bin halt vorsichtig. Kann mich da noch nicht so entspannen. Sicher kommt das mit der Zeit.

Was kann er machen, damit du ihm mehr vertraust?

Ich brauche einfach noch Zeit, damit ich das davor mehr vergesse. Es kommt jetzt einfach oft noch hoch und dann kommt wieder diese Verzweiflung, aber nur kurz. Es wird auch immer besser. Sag den beiden, sie sollen bitte Geduld mit mir haben. Es braucht alles seine Zeit. Und er soll bitte keine schwarzen Schuhe tragen, jetzt in der ersten Zeit, bis ich mich ganz hier vertraut gemacht habe.

Willst du den beiden noch was sagen?

Sag meinem Frauchen danke, dass ich bei ihr sein darf. Ich habe sie so lieb. Und ich bin gerne ihre Begleiterin. Und danke an alle, die mein Leben gerettet haben. Ich bin jetzt so glücklich, hier in Sicherheit zu sein. Ich kann es gar nicht beschreiben, wie schön das ist. Vielleicht musste ich so Schreckliches erleben, um jetzt die Lebensfreude so intensiv zu spüren. Es ist so gigantisch toll! Danke, danke, danke! Ich liebe alle euch Menschen mit Herz für Tiere! Eure Arbeit ist so wichtig für die Erde, denn es ist doch alles miteinander verbunden. Wenn die Tiere qualvoll behandelt werden, wirkt sich das auf das ganze System aus. Das Leid geht in alle Ebenen. Das muss aufhören, damit es allen besser geht. Damit alle glücklich sein können! Solange es so herzlose Menschen gibt, können die anderen nicht wirklich frei sein. Das bedrückt mich auch immer noch, denn ich weiß, dass das Leid da, wo ich vorher war, weitergeht. Ich darf gar nicht daran denken, es tut mir im Herzen weh. Ich habe es geschafft, ich wurde gerettet – wie viele aber nicht. Danke noch mal an alle!

Ihr Frauchen war mit dem Gesprächsergebnis nicht zufrieden, es war zu wenig konkret, und die Geschichte mit den schwarzen Schuhen fand sie sehr merkwürdig. So habe ich noch mal mit Lisa gesprochen:

Hallo Lisa, darf ich noch mal mit dir sprechen und dich was fragen? Warum bist du so scheu und lässt dich von anderen nicht anfassen, nur von deinem Frauchen?

Ich bin eben vorsichtig und ich hab dann immer noch Angst.

Auch bei Menschen, die du gut kennst?

Ja, man weiß ja nicht ... Ich komme dann oft immer noch in Panik. Das kann ich so schnell nicht ablegen. (Sie wirkt sehr nachdenklich.)

Aber du bist doch jetzt schon ein halbes Jahr auch mit deinem neuen Herrchen zusammen. Warum bist du da noch so vorsichtig?

Er ist mir noch nicht ganz geheuer. Ich kann mich bei ihm noch nicht entspannen.

Dein Frauchen muss dich aber mal bei ihm lassen können und ist besorgt, weil du dann so weinst. Sie kommt ja immer wieder, sie verlässt dich doch nicht. Das hat sie mir ausdrücklich gesagt. Sie wäre viel beruhigter, wenn du auch mal gerne bei deinem Herrchen bleibst.

Hm ... ja, aber ich bin eben am liebsten bei ihr. (Sehr trotzig.)

Kannst du denn nicht verstehen, dass sie nicht immer da sein kann?

Ja doch, ich schaue mal. Ich dachte, sie freut sich, wenn ich so sehnsüchtig auf sie warte.

Nein, sie ist eher traurig, dass du dann so gestresst bist.

Ja, ja, ich kann mich dann nicht entspannen, weil ich Angst habe, sie kommt nicht wieder.

Ich sagte ja eben schon, sie verspricht, immer wiederzukommen, und wünscht sich sehr, dass du auch bei deinem Herrchen zutraulich und entspannt bist.

Gut, ich kann es ja mal versuchen.

Kann er denn etwas tun, damit du mehr Vertrauen findest?

Ich weiß nicht, da ist so eine Spannung zwischen uns. Es kann an meinem Misstrauen liegen. Ich bin ja doch beeindruckt, was für Mühe ihr euch mit mir macht. Ich werde mich nun bemühen, gelassener zu werden, mich mehr zu entspannen. Du hast ja recht, hier ist mir bisher noch nichts Schlimmes passiert. Ich versuch's mal.

Es kommt dann eine Information nicht von Lisa, sondern von ihrer geistigen Begleitung:

Mit ruhiger, liebevoller Stimme mit ihr sprechen und mit Leckerlis versuchen, ihr näherzukommen.

Gut, wenn er ihr auch mal das Futter gibt, mit ihr ruhig spricht und sie lobt. Aber alles vorsichtig, nicht mit fordernder Haltung.

Das war das erste Mal, dass sich die geistige Begleitung eines Tieres einschaltete, ohne dass ich direkt Kontakt mit ihr aufgenommen hatte. Mich hat beeindruckt, was im Dienst der Liebe geschehen kann.

Hier ein sehr anrührendes Gespräch mit Lissy, die aus einem Tierheim in Belgien geholt wurde.

Wie geht es dir?

Ich bin immer noch misstrauisch.

Was ist geschehen?

Menschen sind zu so unglaublichen Dingen fähig! Ich habe gehört, wie die Kinder schrien und wimmerten, und ich konnte ihnen nicht helfen. Das war das Schlimmste – zu erleben, dass Kindern etwas Furchtbares angetan wird, und man muss es machtlos miterleben. Es war furchtbar, es war furchtbar, es war furchtbar – und es hörte nicht auf. Immer neue Kinder wurden gebracht. Ihr braucht keine Bedenken zu haben: Ich werde keinem Kind etwas zuleide tun. Nun, ich weiß nicht, ich würde total ausrasten, wenn ich wieder diese Energie spüren würde von Missbrauch, von Gewalt, von Quälen-Wollen. Dann

weiß ich nicht, wie ich reagieren würde. Ich möchte es nicht noch mal erleben.

Was können die Menschen um dich herum tun, damit es dir besser geht?

Es ist schon schön, ihre Liebe zu spüren. Und sie bemühen sich ja schon, es mir leichter zu machen. Ich bin ja nun zum Glück weit davon weg.

Gibt es noch etwas, was sie tun können?

Ehrlichkeit ist wichtig, Aufrichtigkeit, Respekt untereinander ... also zwischen den Menschen. Jede Lüge, jede Heimlichtuerei gibt mir einen Stich ins Herz. Mir wäre es ein wichtiges Anliegen, dass mehr dagegen unternommen wird, dass Kinder missbraucht werden, zum Beispiel die Internetportale verfolgen, da muss mehr Bewusstheit rein, damit das unterbunden wird. Die Kinder müssen mehr beschützt werden ... auch die Eltern bestrafen, die ihre Kinder quälen und verkaufen an solche Ungeheuer. Es passieren da immer noch ganz schreckliche Sachen. Solange wird mein Misstrauen bleiben, solange kann meine Traurigkeit nicht ganz gehen. Bitte macht es noch mehr öffentlich, was Kindern oft angetan wird, damit die Menschen da noch bewusster werden und mehr aufpassen! Auch dahin schauen, was in Familien passiert. Schützt eure Kinder mehr, sie sind doch noch so sensibel. Und oft sind es Vertrauenspersonen, die missbrauchen. Ich wünsche mir so von Herzen, dass das aufhört! Dass mehr Respekt und Achtung da ist.

Was möchtest du noch sagen?

Sag meinen Menschen, dass ich sehr dankbar bin, bei ihnen sein zu dürfen. Und danke ihnen für ihre Liebe!

Durch diese Aussagen wird deutlich, dass nichts „geheim" bleiben kann. Alles, was geschieht, ist als Schwingung in unserem Energiesystem zu spüren und wirkt sich auf das Ganze aus, denn es gibt ja keine Trennung. Diese Hündin war für das Missbrauchs-Thema sensibilisiert und konnte wegen dieser Vorfälle nicht frei und unbeschwert leben. Sie ist allerdings vor einiger Zeit gestorben. Das Gespräch habe ich im März 2011 geführt. Zu der Zeit wurden gerade bei uns hier in Deutschland sehr viele solcher Fälle bekannt und in den Medien diskutiert. Alles hängt offensichtlich mit allem zusammen!

Nun komme ich noch mal auf die Tiere meiner Cousine Christa zurück. Über Kater Sammy habe ich bereits einiges in dem Kapitel über meinen Weg zur Tierkommunikation geschrieben. Sein eigenwilliger, stolzer Charakter zeigte sich auch in den Gesprächen, die ich mit ihm führte. Er war immer eher wortkarg und antwortete meist nur in kurzen Sätzen und war dabei auch schon mal nicht ganz ehrlich. Weil er nun überhaupt kein Schmusekater und meist eher aggressiv seinem Frauchen gegenüber war, holte sich Christa eine kleine Katze aus dem Tierheim dazu. In der ersten Zeit spielte Sammy den Beschützer und Lehrer für die Kleine. Später wurde er allerdings auch ihr gegenüber aggressiv. In meinem Gespräch mit der kleinen Marie erzählte sie Folgendes:

Ich bin froh, bei Christa zu sein, hier fühle ich mich wohl. Sammy lässt seinen Frust an mir aus. Na ja, nicht schön, aber er ist mein Beschützer und Freund und er ist launisch. Du kennst das ja auch mit den Männern. (Ich weiß nicht, was sie damit meint!) **Er ist halt sehr stark in seinem Wesen, und nur Katze sein reicht ihm nicht, ist ihm oft zu eng.**

Hast du keine Angst?

Ach nein, eigentlich hat er mich ja gerne. Er steht sich oft selbst im Weg. Es tut ihm dann auch leid. Wir Katzen können viel aushalten.

Du bringst schon mal Mäuse mit ins Haus, das mag dein Frauchen gar nicht. Sie bittet dich, die Mäuse draußen zu lassen.

Ich bin ja stolz, wenn ich eine kriege, und ich möchte Christa gerne was schenken. Na gut, ich versuche, dran zu denken. Danke, dass sie mich geholt hat und so viel Geduld mit mir hat. Ich habe sie sehr lieb.

Unmittelbar nach dem Gespräch mit Marie habe ich Kontakt zu Sammy aufgenommen:

Hab schon befürchtet, dass ich auch drankomme.

Ich erkläre ihm, dass ich ihm keine Vorwürfe machen, sondern nur fragen wolle, warum er zu Marie so aggressiv sei.

Ach schleim nicht rum, ist schon so okay. Ach, die Kleine nervt manchmal. Wir haben so unsere Machtkämpfchen. So kann ich sie ärgern.

Warum willst du sie ärgern?

Sie ist sehr eigenwillig, ein Sturkopf, das spiegle ich ihr. Na ja, ich reibe mich auch gerne. Sie ist halt auch kein Engel, manchmal borstig zu mir. Ja, ich habe viel Mist gebaut, bin doch schon lieber geworden.

Ich spreche ihn darauf an, dass er lebende Mäuse mit in die Wohnung bringt und sie dort einfach laufen lässt.

Mäuse in der Wohnung sind langweilig. Sitzen dann irgendwo drunter, da kommt man dann nicht hin. Na gut, wie gesagt, ab und zu ärger ich Christa auch gerne. Sie soll sanfter werden, gelassener.

Meinst du nicht, es reicht jetzt?

Ja, ist ja gut! Entschuldigung! Es tut mir leid. (Er wirkt sehr traurig.) **Es ist ja auch schön, eine Katze zu sein.**

Aber?

Manchmal ist mir das zu eng, zu begrenzt. Ja, ja, ich werde mich bemühen, geduldiger zu sein.

Mit Marie habe ich kurze Zeit später noch mal gesprochen, weil sie sich offensichtlich an den Pfoten verletzt hatte und Christa wissen wollte, was passiert war und ob sie zum Tierarzt müsse:

Ich bin runtergerutscht, ich wollte mich festhalten, es wurde ganz heiß. Ich war da ganz hoch geklettert, und dann weiß ich auch nicht, wollte ich mich rückwärts runterhangeln, und dann sauste ich abwärts. Nein, nein, mir hat keiner was getan. Nur die Pfoten brannten furchtbar. Ich war wie gelähmt und konnte kaum laufen. Ich passe demnächst besser auf, ich war zu neugierig. Sammy konnte mir auch nicht helfen. Er war ganz geknickt, dass er nichts machen konnte. Jetzt bin ich wie im Tran, es wird schon wieder. Ich bin so glücklich, bei Christa zu sein, sag ihr danke!

Als Christa kurze Zeit später umziehen wollte, verschwand Sammy einen Tag vor dem Umzugstermin. Er tauchte längere Zeit auch nicht wieder auf, sodass sie ohne ihn fahren musste. Ich habe Kontakt mit ihm aufgenommen, um für sein Verhalten eine Erklärung zu bekommen.

Sie soll mich in Ruhe lassen. Sie wollte mich nicht mitnehmen, die Tür war unten zu. Ich bin sauer. Ich warte ab, war passiert. Eigentlich ist hier mein Zuhause.

Aber du gehörst doch zu Christa, und das neue Zuhause liegt schön in der Natur mit großem Garten. Möchtest du nicht mit dorthin?

Doooch schon. Ja aber Christa will mich doch gar nicht mitnehmen.

Ich erkläre ihm, dass sie ihn gerne nachholen möchte und sich Sorgen um ihn macht.

Hm ... muss ich ja in diese Kiste. Mal sehen.

Aber er zeigte sich nicht, als Christa ihn holen wollte. Die Nachbarn hatten ihn ein paar Mal gesehen. Immer wenn Christa kam, blieb er verschwunden. Nach etwa drei Wochen habe ich noch mal Kontakt mit Sammy aufgenommen.

Sie braucht sich keine Sorgen machen. Das Drangsalieren machen wir für sie.

Ich bitte ihn, mir zu verdeutlichen, was er damit meint.

Machtspielchen! Sag ihr das. Ich bin gekommen, um ihr zu helfen.

Hast du das erfüllt?

Ja, fast erfüllt. Eigentlich braucht sie mich nicht mehr. Wenn ich Bedingungen gestellt bekomme, ist das nicht so mein Ding. (Das bezieht sich wohl auf eine Aussage von Christa, dass sie ihn eigentlich nur holen wolle, wenn er nicht mehr so aggressiv Marie gegenüber sei. Ich hatte es ihm gegenüber nicht ausgesprochen, er hat es offensichtlich so gespürt.) **Ich will auch, dass es Marie gut geht. Sie soll verstehen, dass wir es für sie machen.**

Was soll ich ihr ausrichten?

Ich hab sie sehr lieb. Schaun wir mal, hm ... hab schon Lust zu kommen. Überlege noch! Es ist schön, dass sie sich für mich entschieden hat. Unsere Herzen sind verbunden! Hm ... schaun wir mal. Ja, ich hab verstanden!

Er zeigte sich weiterhin nicht, wenn Christa zum alten Haus kam. Nach drei Monaten nahm ich erneut Kontakt mit ihm auf. Er blieb distanziert.

Macht euch keine Sorgen. Es ist alles gut. Ich habe was Neues gefunden. Denen geht's doch gut ohne mich.

Bist du traurig, dass Christa gegangen ist?

Nööö, Thema war durch! Werde gut versorgt, man lässt mich in Ruhe, das ist die Hauptsache.

Was hältst du davon, wenn Christa dich holt?

Nö, lass mal. Ist alles okay.

Ist es für dich okay, wenn sie sich eine andere Katze sucht?

Ja, ja, wenn sie den Stress braucht, soll sie.

Möchtest du ihr noch was sagen?

Bei allem Stress, den wir hatten, es war okay. Wünsch ihr alles Gute! Adios und lasst mich in Ruhe! Tschö du, mag dich, Liebes! (Ich schrieb ja schon: ein Pascha!)

Einige Zeit später ergab sich für Christa, dass sie einen Kater von einer Bekannten übernehmen sollte, die eine ihrer Katzen abgeben musste. Ich habe mit Trixie gesprochen, weil er sich schlecht eingewöhnte. Zu unserem Gespräch kommt er weinend auf mich zu.

Sie hat mich einfach weggegeben! Will mich nicht mehr. Das tut sooo weh! Bei Christa ist alles so anders. Und dieses kleine komische Knäuel, merkwürdig! (Damit meint er Marie.) **Es ist alles fremd.**

Christa hat dich sehr gerne genommen und möchte, dass es dir gut geht.

Ja, merk ich auch, ist ja sehr lieb zu mir. Sie ist trotzdem nicht mein altes Frauchen! (trotzig)

Warum ist es mit Marie so schwierig?

Ach, ich war eigentlich froh, endlich meine Ruhe zu haben. Sie nervt etwas.

Ich erkläre ihm, warum er bei seinem alten Frauchen nicht bleiben konnte. Er weint wieder.

Schnief, ja, ich schau mal, geht scheinbar nicht anders. Ich bin aber immer noch traurig.

Ich mache ihm Mut und tröste ihn.

Ich versuchs! Mit Marie schau ich mal. Sie soll mich erst mal in Ruhe lassen. Hab keine Lust auf Stress. Liebe es eher friedlich.

Möchtest du Christa noch was sagen?

Ich weiß, sie meint es gut. Ich versuch's!

Er hat sich dann sehr schnell bei Christa eingelebt und ist nun ein glücklicher Kater. Letztes Jahr habe ich mit ihm gesprochen, weil er mehrere Tage nicht nach Hause kam und Christa sich Sorgen machte.

Wie geht es dir und wo bist du?

Ich habe Angst, und es ist dunkel und kalt. Hier steht ganz viel Krempel rum und ich kann hier nicht raus. Oben ist ein heller Schlitz, ist wohl ein Fenster mit Gitter. (Ich bekomme ein Bild von einem höher gelegenen kleinen Zimmerfenster.) **Ich kann hier Spinnen fangen, aber ich habe Durst!**

Ist es weit weg von zu Hause, wo du da bist?

Ich bin nicht weit weg.

Wie bist du da reingekommen?

Ich bin hier reingegangen, und dann gab es einen Knall hinter mir, das Tor war zu. Und mich hat keiner gehört.

Was kann Christa machen?

Sie soll in der Nachbarschaft rumfragen. Ich bin doch ganz in der Nähe, die müssen nur das Tor wieder aufmachen oder das Fenster. Ich guck mal, was ich hier noch zu fressen finde, geht schon noch eine Weile.

Tut dir etwas weh?

Nein, ist alles in Ordnung. Will nur wieder nach Hause zu Christa und den anderen!

Kannst du mir noch einen Tipp geben, wo es ist?

Ich bin am Feld langgelaufen, dann durch die Büsche. Da waren dann Leute, die was rumgetragen haben.

Danach fanden sie ihn in einer Nachbarwohnung, in die die Mieterin gerade einzog. Einiges wurde schon in die Wohnung gebracht, dabei ist Trixie wohl mit hineingegangen und wurde unbeabsichtigt eingeschlossen. Die Mieterin kam dann erst nach Tagen wieder. Das beschriebene Fenster war das höher gelegene Flurfenster.

So ist es möglich, ein vermisstes Tier leichter wiederzufinden. Dabei sind natürlich die Beschreibungen des Tieres subjektiv aus Sicht des Tieres zu deuten. Immerhin ist gut nachzuspüren, wie es dem Tier geht, ob es verletzt ist oder Hilfe braucht.

Vor Kurzem, im regenreichen Mai, war Trixie wieder länger nicht nach Hause gekommen. In dem Moment, als ich mit Christa darüber telefonisch sprach, erschien er an der Terrassentür. Obwohl er glücklicherweise unversehrt wieder da war, habe ich noch mit ihm gesprochen.

Hast du Lust, mit mir zu sprechen?

Ja, gerne, meinetwegen.

Christa hat sich Sorgen um dich gemacht, weil du so lange weg warst. Wo bist du gewesen?

Ich war halt mal länger unterwegs, hab hier und da geschnuppert und geschaut.

Aber es war doch kalt und nass draußen?!

Ja, ich weiß, worauf du hinaus willst. Ich geb's ja zu, ich hatte mich unter einem Dach zurückgezogen und etwas geschlafen. Als ich aufwachte, war es dunkel, und ich war eingeschlossen. Das Tor war zu! Sehr dumm von mir, ich habe wieder mal nicht aufgepasst. Peinlich! Ich kam da nicht raus.

War das in eurer Siedlung?

Ja, in der Nähe. Die Leute haben mich nicht gesehen, die haben das nicht extra gemacht. Zum Glück haben sie ja einige Zeit später das Tor wieder aufgemacht, und ich konnte endlich raus und nach Hause.

Wo warst du denn drin?

Da stand ganz viel rum, so wie eine Halle. Es war annehmbar warm, und ich hatte einen weichen Platz gefunden. Ja, und dann war's passiert, ich konnte nicht mehr raus. Es tut mir leid, dass Christa sich Sorgen gemacht hat. Ist mir auch peinlich, dass mir das passiert ist. Ich passe demnächst besser auf. Versprochen! Katzenehrenwort! (Er hebt dabei die rechte Pfote mit total ernstem Blick!)

Sie war ja froh, als du wieder da warst!

Ich war auch total glücklich, wieder zu Hause zu sein! Das tut wirklich gut zu wissen, wo man hingehört. Sag ihr danke für alles und für ihre Liebe.

Vor Kurzem las ich in unserer Tageszeitung von der Katze Baghira, die einige Tage verschwunden war und dann im Analbereich schwer verletzt wieder nach Hause kam. Einige Tage später erschien ein Foto von ihr und ein Hilfeaufruf, um den Täter zu finden. Anhand des Fotos nahm ich Kontakt zu Baghira auf.

Wie geht es dir?

Langsam geht es besser.

Bitte erzähl mir, was passiert ist, damit wir helfen können, dass es anderen Katzen nicht auch so ergeht wie dir.

Ich bin wie sonst auch rumgestromert. Nicht weit von zu Hause.

Was war dann?

Es war in der Nähe der Bäume, ich hörte Lachen, fröhliche Stimmen, sie haben rumgealbert. Es waren jüngere Leute.

Wie viele waren es?

Ich weiß nicht genau.

Schick mir ein Bild davon.

Ich bekomme ein Bild und kann einige junge Männer um ein kleines Feuer oder einen Grill mit

Flammen erkennen. Sie feixen rum, sind offensichtlich betrunken oder unter Drogenwirkung. Ihre Statur ist eher schlank, schmächtig, einige haben Kapuzen von Kapuzen-Shirts übergezogen. Die Gesichter kann ich nicht erkennen, im Blickfeld sind eher die Schuhe und Beine.

Was ist dann passiert?

Sie haben mich gesehen. Ich bin ja neugierig und habe zugeschaut.

Kannten sie dich, oder kanntest du jemanden?

Ja, eine Stimme kam mir bekannt vor. Er hat mich gerufen.

Kannte er deinen Namen?

Nein, das nicht. Ich kenne ihn aus der Nachbarschaft bei uns.

Das Gespräch kommt mir ungewöhnlich zäh vor, vielleicht hängt das mit Medikamenten zusammen.

Wo wohnt er?

Er wohnt in unserer Straße.

Direkt in eurer Nachbarschaft?

Nein, weiter weg. Aber man trifft sich ja mal.

Was ist dann passiert, als du zu den Jungens hingegangen bist?

Erst haben sie mich gestreichelt, waren ja sehr

fröhlich und ausgelassen, war 'ne lockere Stimmung. Dann hat mich einer gepackt und mich rum geschleudert. Da ist die Stimmung umgeschlagen, ich spürte, sie wurden böse. Einer nahm einen Stock, und sie wollten mich darauf spießen. Ich habe mich natürlich gewehrt, aber trotzdem haben sie es versucht. Es waren furchtbare Schmerzen, ich habe geschrien. Dann stülpte sich was Dunkles über mich.

Was war das?

Irgendein Stoffding. Und ich wurde ganz fest gepackt. Ich konnte mich nicht mehr wehren. Sie haben das weiter mit dem Stock gemacht, irgendwann verließen mich die Kräfte, und ich weiß nichts mehr. In dem ganzen Dunkel sah ich was Helles und es wurde wunderschön warm, liebevoll. Dann habe ich wohl geschlafen, bis ich irgendwie keine Luft mehr bekam. Da war ich wieder wach und hab mich rausgewühlt und bin nach Hause gelaufen.

War es weit bis nach Hause?

Nein, eigentlich nicht, aber ich fühlte mich total schlapp, und es tat mir alles weh. Das Laufen fiel mir sehr schwer. Aber wir Katzen sind ja zäh.

War da jemand, wo du dich rausgewühlt hast?

Nein, da war keiner, nur die anderen Tiere, Vögel und Wesen (er meint wohl geistige Wesenheiten oder Elementale), aber keine Menschen.

Möchtest du noch etwas mitteilen?

Sag allen danke, die mir jetzt geholfen haben, gesund zu werden. Es tut zwar oft noch sehr weh, wird aber besser. Und ich freu mich, dass ich wieder nach Hause kann zu meinen lieben Menschen. Ich weiß, dass einige Menschen zu Schlimmem in der Lage sind, und viele von uns Tieren werden gequält. Und das oft mit System. Furchtbar!!! Da geht es mir noch gut, das war jetzt ein Erlebnis, und ich werde jetzt vorsichtiger sein, nicht so schnell vertrauen. Aber die meisten Menschen sind ja doch liebevoll, das spüre ich. Da muss ich in Zukunft mehr drauf achten.

Ich danke dir für deine Offenheit!

Danach fand ich in einer anderen Zeitung noch einen Artikel über den Fall, in dem ein Foto Baghira mit von Lehmerde verklebtem Fell zeigt. Die Katze wurde mit eitrigen Wunden am Schwanzansatz und zersplitterten, abgebrochenen Krallen zum Tierarzt gebracht. Von den Besitzern wurde Strafanzeige gestellt, und die Tierrechtsorganisation PETA kümmert sich um den Fall. Ich hoffe, dass man die jungen Männer mit Hilfe der Aussagen finden wird und zur Rechenschaft ziehen kann.

Eine liebe Freundin, Elke Dissen, arbeitet als geobiologische und geopathologische Beraterin. Sie untersucht Häuser und Wohnungen auf Belastungen und bietet eine umfassende Entstörung an. Sie bat mich vor einiger Zeit, mit ihrem großen Hund Sabik zu sprechen, weil er beim Dösen und Schlafen öfter aufschreckte. Er erzählte mir, was dann ist.

Es kommen manchmal kleine Wesen, die mich foppen wollen. Die erschrecken mich dann erst. Das ist nicht bedrohlich, sondern überraschend. Elke arbeitet ja manchmal mit denen bei anderen. Dann kommen die schon mal mit zu uns und wollen sich hier noch einen Spaß machen. Ja, das ist auch manchmal an der Tür, weil viele nicht reinkommen wegen der ganzen Dinger, die Elke da aufgestellt hat. Das ist auch gut, das schützt uns auch. Aber manchmal schaffen die es doch hier rein und wollen mich dann ärgerne, weil sie gestört wurden da, wo sie sich eingerichtet hatten. An Elke kommen sie nicht ran, deshalb muss ich manchmal herhalten. Aber das ist nicht dramatisch, ich komme damit klar. Die verziehen sich dann ja auch schnell wieder.

Wie sehen die aus?

Unterschiedlich, manchmal ist das nur wie ein Hauch, dann ist es schon wieder weg. Oder nur so kleine Dinger, die um meinen Kopf tanzen. Meist ist es nur spielerisch, dann finde ich es auch lustig, wenn ich nicht gerade schlafen will.

Möchtest du Elke noch was ausrichten lassen?

Sag Elke, sie soll sich keine Sorgen machen. Es ist nichts Dramatisches. Es ist wichtig, dass sie uns immer wieder schützt. Dann verlieren die schnell die Lust und ihre Kraft ... dann macht's manchmal „plopp" und die sind weg.

Was Sabik da beschreibt, ist ein Hinweis auf die Welt verschiedener geistiger Wesenheiten, die uns umgeben. Die Tiere nehmen sie unmittelbar wahr und sind oft Vermittler zwischen dieser Welt und unserer Menschenwelt. Hierzu beschreibt Sabik mir, wie es ihm vor der Eingangstür geht, weil er dort manchmal so merkwürdig reagiert.

Ja, vor der Tür, am Aufgang sind oft Seelen-Elementale, die neugierig sind. Die spüren die schöne Energie im Haus und wollen hinein. Ich habe den Job aufzupassen und muss sie vertreiben. Das macht mich oft so nervös, weil ich auch nicht weiß, wie gefährlich die sind. Oft machen sie sich nur einen Spaß und ärgern mich. Ich spüre manchmal auch, dass wir sehr vorsichtig sein müssen. Es sind auch schon mal Seelen von Verstorbenen, die Hilfe suchen. Ich will eigentlich zu Hause meine Ruhe und keinen Stress mit Verwirrten. Deshalb ist es besser, wenn ich sie vertreibe. Darauf konzentriere ich mich, wenn wir nach Hause kommen. Das ist manchmal anstrengend, dann bin ich schon mal genervt. Ist aber nichts Schlimmes. Ich tue nur meinen Job, Elke zu beschützen, was in meiner Macht steht. Grüße sie ganz lieb!

Ich bin sooo glücklich, bei ihr sein zu dürfen!

Als dieser tolle Hund mal an der Pfote schwer verletzt war und mich Elke weinend anrief, sagte er mir:

Es tut mir leid, dass ich so viel Umstände gemacht habe. Es tut sooo gut, Elkes Liebe und Fürsorge zu spüren. Es war auch wichtig für sie, mal wieder tief an ihre Gefühle zu kommen. Es war so überwiegend Alltag bei uns. So sind wir uns jetzt ganz nah und das tut sooo gut. Die Tränen heilen die Seele, machen sie rein und klar. Dann kann Neues kommen. Ich bleibe noch ein gutes Stück an ihrer Seite, um sie zu unterstützen.

Ich bitte ihn, den Kunststoff-Trichter zu akzeptieren.

Das Ding ist schrecklich und drückt. Ja, ja, ist ja gut, wenn es denn sein muss, dann stehe ich das auch noch durch.

Möchtest du noch was sagen?

Sag ihr danke, dass sie so für mich sorgt, und für ihre Liebe. Ich habe sie sehr, sehr lieb. Und Entschuldigung, dass ich ihr nun so viel Mühe mache.

Und dieser weise Sabik hatte sogar für mich gute Ratschläge!

Kannst du mir was zu meiner Situation sagen?

Schau mal, für was das ein Ausgleich ist.

Warum ist jetzt der Grundstücksverkauf blockiert?

Es ist nicht schlimm, es braucht noch Zeit. Mach dir keinen Stress, es wird schon. Du bist begleitet! Es sind da ganz viele Helfer beschäftigt, die werden es richten.

Habe ich da noch ein Thema zu lösen?

Lösen! Ja! Das Kapitel mit deinem Ex-Mann ist jetzt abgeschlossen. Er versucht es hinauszuzögerne. Du musst jetzt stark bleiben. Bleib dran an deiner Würde und Stärke. Es ist eine Prüfung, Du weißt es ja schon. Und du machst das gut, steh es durch! Bald ist es erledigt. Halte durch und lass den Kopf nicht hängen. Es stimmt schon: Alles ist gut!

Ich danke dir!

Ja, ist okay. Du hilfst uns ja auch. Wir müssen jetzt alle zusammenstehen. Es ist eine schwierige Phase, die bald durch ist.

Das Gespräch fand im November 2012 statt, und ich war total überwältigt. Dieses Tier hat offensichtlich Zugang zu allem Wissen und Verbindung zu anderem Seelenbewusstsein.

Vor Kurzem hat Elke Chuma, die Mutter-Hündin von Sabik, aufgenommen, weil sie wegen eines notwendigen Umzugs nicht bei ihrem Frauchen bleiben konnte. Elke bat mich, die beiden zu fragen, ob es ihnen Spaß mache, zusammen zu wohnen, und ob sie zufrieden seien. Zuerst habe ich mit meinem Freund Sabik gesprochen.

Wie geht es dir?

Hi, ich freu mich, dich mal wieder zu treffen! Eigentlich geht es mir gut.

Eigentlich? Wie ist es so mit Chuma?

Hm, war schon ’ne ziemliche Umstellung. Erst war Elke ziemlich entfernt, weil Chuma zwischen uns war. Das hat sich aber gelegt. Ich spüre, dass Elke mich noch genauso lieb hat wie vorher. Ich weiß auch, Liebe ist nicht teilbar, sie fließt uns beiden in gleicher Fülle zu. Das musste ich erst lernen. Jetzt ist es gut. Und es ist ja auch schön, eine Hundegefährtin zu haben, mit der ich laufen kann.

Du bist also nicht sauer auf Elke?

Erst schon ein bisschen, hatte Angst, ihre Aufmerksamkeit zu verlieren. Aber es ist ja nicht so. Ich spüre, dass sie mich immer noch gerne hat. Und es ist besser, Chuma ist bei uns, als irgendwo, wo es ihr nicht so gut geht. Und sie ist mir ja auch sehr vertraut. Mittlerweile ist es eine Bereicherung, dass sie da ist. Ist schon auch schön! Aber immer noch etwas ungewohnt. Wir Hunde sind ja Rudeltiere. So sind wir nun fast ein richtiges Rudel. Das gefällt mir natürlich gut, und ich fühle mich damit wohl.

Möchtest du noch etwas mitteilen?

Ich habe Elke sehr lieb! Ich bewundere ihr großes Herz, dass sie so liebevoll Chuma zu uns aufgenommen hat. Das ist ja nicht selbstverständlich. Und wer

weiß, wo Chuma sonst gelandet wäre. Ich bin stolz auf mein Frauchen!

Gleich danach habe ich Chuma eingeladen, mit mir zu sprechen.

Wie geht es dir?

Hallo ... (etwas abwartend) **Ja, gut geht's mir! Ich fühle mich wohl bei den beiden. Sind beide sehr lieb zu mir. Sabik war ja erst sehr reserviert, wir mussten uns erst aufeinander einspielen. Wir kennen uns ja eigentlich gut, aber so zusammen leben war erst ungewohnt. Und dass Elke nun richtig mein neues Frauchen ist, war auch erst komisch. Sie ist ja total lieb zu mir, besser hätte ich es ja gar nicht kriegen können. Ich weiß ja, dass ich nicht bei meinem Frauchen bleiben konnte, und so bin ich glücklich, dass die beiden mich aufgenommen haben. So war das nicht alles ganz neu.**

Vermisst du etwas?

Ach, manchmal denke ich schon noch an unsere Weite vorher mit den vielen Tieren. Aber es war auch zuletzt viel Stress. Deshalb bin ich nun sehr froh, dass nun alles klar ist und ich hier mein neues Zuhause habe. Und Elke ist ja total liebevoll, hat so ein volles Herz, das hatte ich vorher nicht so. Deshalb kann ich nur dankbar sein, dass ich jetzt hier sein darf. Und mein Sabik ist ja auch ein ganz besonderer Kerl! Bin total stolz auf ihn. Granatenmäßig! Eine große Seele! Also, was will ich mehr, ist alles super!

Möchtest du noch etwas mitteilen?

Sag Elke danke für ihr großes Herz, dass ich zu ihr kommen durfte! (Weint ein wenig.) **War letzte Zeit sehr verwirrend die Veränderung und die Unsicherheit, wie es weitergeht, was mit uns Hunden wird. War sehr beängstigend, und ich fühlte mich sehr verunsichert. Und Elke hat sich erbarmt und mich zu sich genommen. Ich bin immer noch gerührt, aber auch sooo glücklich! Sag ihr noch mal danke! Auch meinem süßen Sabik, dem tollen Kerl, dass er so rücksichtsvoll ist. Ich bin total froh und erleichtert!**

Besonders Katzen spüren sensibel Veränderungen und negative Einflüsse. Ich sollte mit einer Katze sprechen, die mit noch zwei anderen Katzen bei ihrem Frauchen lebte. Die Katzen verhielten sich ungewohnt merkwürdig.

Wir Katzen spüren die veränderte Schwingung. Unser Frauchen wird benutzt. Diese Leute nutzen sie aus. Sie ist da zu gutgläubig, hat sich geöffnet und wird nun verletzt. Das nutzen auch andere aus. Da ist eine offene Wunde, aus der Energie gezogen wird.

Womit hat das zu tun?

Da ist bei ihr eine alte Schwachstelle, das muss jetzt endlich mal geheilt werden. Dafür opfern wir

uns auf. Das sieht wirklich aus wie eine offene Wunde. Die Schwingung ist in der Wohnung. Wenn unser Frauchen da ist, ist ihre Liebe stärker. Wenn ihre Präsenz nicht stark ist, nimmt das andere überhand. Wir wollen es erlösen. Bitte sag ihr dringend, dass sie sich da heilen muss, die Öffnung schließen, sich mehr schützen. Jetzt kommt da an der Stelle alles durch vom Krankenhaus, und von anderen Leuten kann das da eindringen und sie schwächen, verletzen. Es zeigt sich jetzt so deutlich, weil jetzt die Zeit reif ist, es zu lösen und zu heilen. Wir wollen ihr nur helfen, weil wir sie ganz doll lieb haben. Wir sind okay, wir brauchen keine Hilfe. Wir tun es nur für sie! Es sagen mir auch die geistigen Helfer, dass sie sich bitte da heilen soll. Sag ihr das jetzt dringend!

Mit dieser Katze habe ich einige Monate später noch mal gesprochen, weil sie offensichtlich sehr darunter litt, dass eine der anderen Katzen gerade gestorben war, und sie vor allem nachts oft schrie.

Ich bin traurig, er fehlt mir! Ich habe gewusst, dass er bald gehen wird. Ich rufe immer noch, weil ich die Verbindung zu ihm halten will. Die Trennung tut so weh! Ja, ich weiß, ich sollte ihn loslassen.

Ich frage sie, ob sie auch sterben will, weil sie immer unters Bett kriecht.

Nein, es ist noch nicht die Zeit, ihm zu folgen.

Ich bitte sie, ihr Frauchen nachts schlafen zu lassen und dann nicht zu schreien.

Ja, okay, hast ja Recht, ich verspreche, nachts still zu sein.

Aber sie hörte damit nicht auf. Deshalb habe ich noch mal mit ihr gesprochen.

Ich habe seelische Schmerzen! Es ist schlimm, damit allein zu sein. Mein Frauchen ist oft weg, und ich bin dann allein.

Und warum schreist du so?

Es ist meine Traurigkeit über den Verlust von Jerry. Sorry, ich habe nur meinen Gefühlen Ausdruck gegeben. Ich wusste nicht, dass es sie stört. Nachts komm ich auch nicht zur Ruhe. Unser Zuhause ist aus der Harmonie geraten, es fehlt was!

Das zeigt, wie sehr Tiere unter dem Tod und Verlust von Weggefährten leiden können und dass auch sie einen Trauerprozess durchleben müssen.

Ein halbes Jahr später durfte ich den Sterbeprozess dieser Katze begleiten. Es war für mich sehr bewegend.

Ich will nicht mehr, ich will gehen. Meine Zeit ist um! Ich habe keine Kraft mehr. Es ist mir zu viel mit den neuen Katzen. Es ist zu unruhig. (Es kamen nach dem Tod von Jerry zwei junge Katzen dazu.) **Mein Frauchen braucht mich jetzt nicht mehr.**

Hast du Schmerzen?

Nein, mein Herz ist schwer! Bin immer noch so traurig, ich bin mutlos, ich will nicht mehr!

Deinem Frauchen tut es sehr weh, wenn du gehst.

Sie hat ja jetzt Ersatz. Ich danke ihr für alles, es war sehr schön bei ihr und ihre Liebe!

Möchtest du eingeschläfert werden, damit du ohne Qualen gehen kannst?

Ich bitte sie, mich zu lassen. Ich schaue, wann es der richtige Zeitpunkt ist. Ich möchte da hin, wo es hell ist und frei, ja, frei sein! Respektiert bitte meinen Weg!

Im Gespräch mit einer anderen Katze, die offensichtlich dem Sterben sehr nah war, habe ich auch nach Unterstützung beim Sterbeprozess gefragt.

Wie geht es dir?

Ich möchte noch so gerne hierbleiben, aber meine Zeit ist abgelaufen. Würde gerne bei meinem Frauchen bleiben, deshalb bin ich so ausgelassen, es ist schön bei ihr, und ich will es bis zum Schluss genießen.

Wann ist der Zeitpunkt zu gehen?

Es ist bald. Meine Körperfunktionen hören auf.

Was kann dein Frauchen noch tun?

Ich will, dass sie sich jetzt noch ganz intensiv um mich kümmert. Sie soll bei mir sein, mich in den Arm nehmen und ihr Herz öffnen. Ja, es ist gerade jetzt wichtig, dass sie ihr Herz öffnet. Ich möchte

sie eigentlich noch unterstützen, aber meine Kräfte schwinden. Es tut oft zu weh im Körper. Ich merke, es geht nicht mehr ... ich kann nicht mehr.

Was willst du jetzt?

Ich will sie noch mal ganz nah und tief spüren und ihr zeigen, dass uns ein tiefes Band hält.

Brauchst du Hilfe, um gehen zu können? Möchtest du eine Spritze, damit es leichter ist?

Es ist im Moment noch nicht so weit!

Können wir morgen noch mal reden?

Ja, gerne!

Am nächsten Tag war sie bereit für die erlösende Spritze.

Daraufhin habe ich auf Wunsch meiner Cousine Christa Kontakt zu ihrem vor längerer Zeit verstorbenen Kater Micky aufgenommen und ihn zu seinem Sterbeprozess gefragt, weil sie Sorge hatte, dass er zu lange gelitten hat.

Es war alles gut so, ich habe Christas Liebe gespürt, und das war gut. Sie soll sich keine Gedanken machen. Es war schön, so intensiv ihr Herz zu spüren. Sie war so eng mit mir, bei mir. Das habe ich mitgenommen wie ein Geschenk. Das Leiden gehört zum Erdenleben dazu, nach dem Übergang ist das alles weg und aufgelöst. Ja, wie bei einer Geburt eines Kindes. Danach ist nur noch Glück ... und ich

durfte was Schönes mit rübernehmen. Danke an Christa! Sag ihr das. Es ist alles gut!

Kannst du mir was zum Einschläfern sagen?

Ja, oft ist es zu früh, und die Atmosphäre stimmt nicht. Aber es ist eine Hilfe, wenn das Leiden zu groß wird. Das Leiden ist aber nicht so dramatisch, es gehört ja zum Leben dazu und steht oft vor einem neuen Übergang.

Eine andere Katze, die einige Monate zuvor gestorben war, erzählte mir:

Mir geht es hier sehr gut. Ich bin noch im Licht und ruhe mich aus.

Dein Frauchen ist besorgt, ob du beim Sterben zu sehr gelitten hast und ob sie dich nicht noch zu einem anderen Arzt hätte bringen sollen.

Nein, es war nicht schlimm! Die Zeit zu gehen war für mich okay. Der andere Arzt hätte mir auch nicht helfen können. Es war meine Zeit. Mein Weggehen war nicht schlimm, wir Katzen gehen einfach hinüber. Es ist nichts Schlimmes! Es war schön bei ihr, sie war so liebevoll zu mir. Das tat mir gut! Ich wäre gerne noch da geblieben aber die beiden Engel haben mich mitgenommen. Sag ihr, sie braucht sich keine Vorwürfe zu machen. So wie es war, war es okay. Ich wünsche ihr mehr innere Ruhe und mehr Geduld. Es geht immer nur ein Schritt nach dem andern.

Der Kater Leo wurde vermisst, und ich hatte Kontakt zu ihm aufgenommen. Es ist wohl eindeutig, was geschehen war.

Ich bin da, wo es mir gut geht!

Was ist passiert?

Es war plötzlich dunkel, es gab einen Knall, dann kam das Licht und hat mich warm umfangen und mitgetragen. Es ist hier wunderschön! Mein Herrchen soll sich keine Sorgen machen, mir geht es jetzt hier gut. Es tut mir leid, dass ich ihm so viel Kummer bereitet habe. Aber irgendwie, denke ich, war es Zeit für mich zu gehen. Ich weiß noch nicht warum. Muss mich erst wieder sammeln, war ein heftiger Schlag, der mich zerrissen hat. Lasst mir noch Zeit, dann kann ich mehr sagen.

Meine Tochter rief mich eines Abends verzweifelt weinend an, weil eine ihrer beiden Rennmäuse eingegangen war. Sie hatte die beiden aus einer Tierversuchsstation als Jungtiere mitnehmen dürfen und zu Hause in einem großen Terrarium gehalten. Zunächst habe ich mit der noch lebenden Maus gesprochen.

Ich bin sooo traurig, dass Todd weggegangen ist. Und ich habe auch ein bisschen schlechtes Gewissen, weil ich ihm oft was weggefressen habe. Aber er war schon immer etwas schwach.

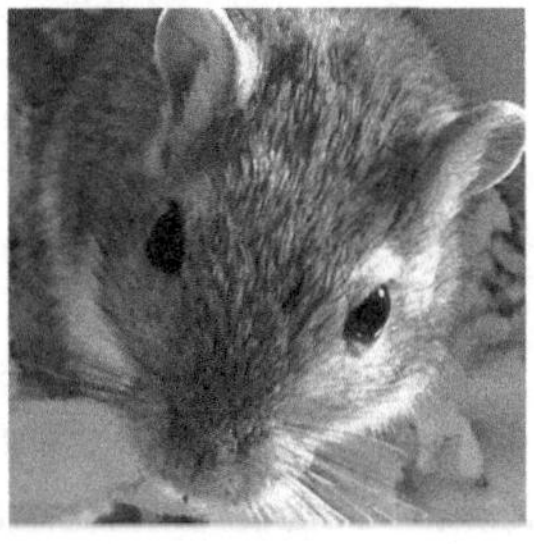

War er krank?

Das weiß ich nicht. Es war nur schön, dass er da war. Er war so ruhig und ließ mir den Vortritt.

Ist es okay, wenn du jetzt allein bist?

Ich werde mich wohl arrangieren. Mein Frauchen ist ja ab und zu da. Das ist schön! Auch Musik ist schön.

Möchtest du deinem Frauchen noch was sagen?

Es ist schön, dass sie uns damals mitgenommen hat, da bedanke ich mich! Es war eine schöne Zeit mit meinem Bruder zusammen. Aber ich werde es noch eine Weile ohne ihn schaffen. Mein Zuhause ist zwar ganz okay, ich würde gerne mal draußen rumlaufen. Aber das geht ja wohl nicht. Ist schon okay so. Ich bin nur jetzt noch sehr traurig und finde es rührend, dass unser Frauchen auch so traurig ist. Das tut mir gut!

Danke, ich möchte jetzt noch mit Todd sprechen. Möchtest du ihm noch was sagen?

Ist nicht nötig, wir sind in Kontakt.

Dann nahm ich Kontakt mit der verstorbenen Rennmaus auf.

Todd, wie geht es dir jetzt?

Ich war zu schwach, mich haben die Kräfte verlassen. Ich habe es nicht mehr geschafft. Jetzt geht es mir gut! Es ist alles so leicht. Und ich bin hier

auch nicht allein. Es sind viele andere da, andere Geschwister, unsere Vorfahren. Ich bin hier gut aufgenommen worden. Viele haben mich beneidet, dass ich es da, wo ich war, so gut hatte. Es tut mir leid, dass Sweeney jetzt allein ist. Aber der schafft das auch ohne mich. Das ist ein Kämpfer! Ohne ihn hätte ich gar nicht so lange durchgehalten.**

Warst du krank?

Das weiß ich nicht. Ich habe mich oft schwach gefühlt, aber ich weiß ja nicht, wie man sich normal als Maus so fühlt.

Möchtest du deinem Frauchen noch was sagen?

Sie soll nicht traurig sein, sie hat nichts falsch gemacht. Sie hat keine Schuld, dass ich gegangen bin. Es war für mich jetzt einfach soweit, dass ich nicht mehr konnte. Sag ihr danke! Sie hat immer gut für uns gesorgt und war so lieb zu uns.

Sweeney ist allerdings doch kurze Zeit später seinem Bruder gefolgt ... dahin, wo die anderen auch sind und wo es ihm gut geht!

Gespräche mit Wildtieren

Ein ganz besonderes Anliegen ist mir das folgende Gespräch mit einer Raubkatze im Zoo, zu dem es im September 2013 durch Presseberichte kam. Im Allwetterzoo in Münster hatte der Amur-Tiger Rasputin einen 56-jährigen Tierpfleger durch einen Biss ins Genick getötet. Der Pfleger hatte beim Füttern vergessen, eine Luke des Käfigs zu schließen. Der Tiger konnte durch die offene Luke zurück ins Gehege gelangen, das das Opfer reinigen wollte. Trotz des Vorfalls ist Rasputin in dem Zoo geblieben. Im Rahmen der Diskussion über den Fall erschien ein großes Foto von Rasputins Kopf mit seinen eindringlichen Augen in der Zeitung. Das war natürlich für mich die Herausforderung, mit diesem kraftvollen Tier in Kontakt zu gehen. Und das Gespräch war ungeheuer beeindruckend, weil ich unmittelbar die enorme Energie und Ausstrahlung dieses Raubtier-Wesens spürte.

Wie geht es dir, Rasputin?

Wie soll es mir gehen, wir sind eingesperrt. Hör die Gitter und Tore zuschlagen! Es tut jedesmal in meiner Seele weh. Ich bin zwar nicht frei geboren, aber in mir ruft die Freiheit. Und ich bekämpfe alles, was mir die Freiheit nimmt. Wir Tiger brauchen die wilde Natur, alles Künstliche ist gegen unser Wesen.

Ja, in mir ist ein großes Frustpotenzial, und mit dem wurde ich getrieben, den Wärter zu töten. Er hat uns doch immer eingesperrt. Er hat seinen Job nicht mit Liebe gemacht, er hat uns behandelt wie Dekorationsstücke. Er war immer froh, wenn er uns einsperren konnte. Da fühlte er sich überlegen. Wir hatten zu ihm keine Herzensverbindung. Wir brauchen das nicht unbedingt. Aber er hätte besser daran getan, uns mit Respekt zu begegnen. Er hat uns sein Überlegenheitsgefühl deutlich spüren lassen. Und das vergisst ein stolzer Tiger nicht! Ich habe auf solch einen Fehler von ihm gewartet, um ihm zu zeigen, wer der Stärkere ist. Ich bin und bleibe ein Raubtier. Wäre er uns vorher mit Liebe und Herzensverbundenheit begegnet, als Freund und Verbündeter, wäre das nicht geschehen. Dann hätte ich ihn niemals getötet. Du weißt doch, was die Herzensliebe für eine Macht hat. Sie ist stärker als unsere Raubtierinstinkte. Wenn sie nicht da ist, nimmt der Trieb seinen Lauf.

Das kennst du auch bei euch in der Gesellschaft! Teile das bitte den Menschen mit! Ich bin keine Bestie, ich bin ein Raubtier und auch ein Wesen, das für die universelle Liebe offen ist. Einen liebevoll verbundenen Freund würde ich nie töten! Es wäre schön, wenn ihr Menschen das verstehen könntet.

Rasputin, du weißt ja schon, was ich noch fragen möchte?

Angesichts seiner energetischen Präsens kommt mir eine einfache Frage banal vor.

Ja! Ich habe mich abgefunden mit meiner Rolle als Anschauungsobjekt. Ich freue mich, wenn Kinder dadurch uns und die Vielfalt der Natur kennenlernen können. Aber schau, wie Kinder uns wahrnehmen. Sie haben keine Angst, würden gerne auf uns zugehen auf der Ebene der Ebenbürtigkeit, als Freunde. Nicht mit der Haltung des Überlegenen, der uns einsperren muss. Respekt, Achtung, ja auch gerne mal Ehrerbietung unserer Kraft und Schönheit gegenüber! Ich bin ein kraftvolles Wesen und erwarte einen fairen Umgang. Dann ist ein Miteinander möglich. Ich danke dir, große Seele, für deine respektvolle, achtungsvolle Begegnung! Sei mutig und gib unser Gesprächsprotokoll an die Öffentlichkeit. Die Menschen sind langsam reif für solche Mitteilungen!

Ich danke dir für deine Offenheit!

Er umarmt mich auf der Seelenebene und geht kraftvoll davon. Ich bin tief beeindruckt von der überwältigenden Energie, die von ihm ausgeht. Mir steht der Schweiß auf der Stirn, mein Herz klopft bis zum Hals, und Tränen fließen.

Ich möchte mich nicht an einer Diskussion über Tierhaltung in Zoos beteiligen. Meine Empfindungen, wenn ich die Tiere dort erlebe, sind sehr unterschiedlich. Bei freiheitsliebenden Tieren, die sich gerne bewegen, ist oft eine traurige Resignation zu spüren. Es gibt jedoch dort auch Tiere, die es genießen, bewundert zu werden, im Mittelpunkt zu stehen und gut versorgt zu sein. Mir ist durch das Gespräch sehr deutlich geworden, wie wichtig es ist, mit welcher inneren Haltung wir Menschen den Tieren dort entgegentreten.

Anders und sehr besonders ist es, mit frei in unserer Umgebung lebenden Tieren zu sprechen. Wenn sie sich uns Menschen von sich aus nähern, haben sie meist eine Botschaft für uns.

Hier die Geschichte eines Eichhörnchens, das seine Scheu überwand und in den Garten einer Familie kam. Irgendwann kam es sogar durch die Terrassentür ins Wohnzimmer gelaufen. Da es dort Nüsse bekam, erschien es regelmäßig im Haus und bekam auch einen Namen: Fridolin. Die Hausherrin hatte das Gefühl, dass dieser kleine Kerl ihr etwas mitteilen wollte. So nahm ich Kontakt zu ihm auf. Fridolin kam freudig auf mich zu und begrüßte mich:

Schön, dass du da bist, ich freu mich.

Warum kommst du zu Marianne?

Sie ist sehr offen für unsere Welt. Sie kann spüren.

Was willst du ihr sagen?

Sie soll keine Angst vor der anderen Welt haben, was ihr das Jenseits oder die Anderswelt nennt. Es ist auch real, genau wie die Möbel hier … alles Schwingung. Sie soll den Mut haben, sich der geistigen Welt zu öffnen, sie ist da sehr gut offen für. Ich bin

ein Vermittler, aus der geistigen Welt geschickt. Sie braucht sich nur hinzusetzen wie du und sich zu öffnen. Es ist vieles mitzuteilen. Ich soll nur vermitteln als Wink. Sie soll in sich reinhören und vertrauen in Verbindung mit dem Göttlichen. Dann kann nichts passieren. Die Realitäten sind so vielfältig und sie ist eine gute Botschafterin. Das Geistige kommt immer konkreter in diese Realität, es wird immer durchlässiger. Wir Tiere spüren, wo wir vertrauen können.

Wer hat dich geschickt?

Ein großes helles Geistwesen. War auch schon mal hier, früher. Hilft jetzt aus dem geistigen Bereich. Also, sie soll sich bereit machen, soll ich ihr sagen.

Willst du noch etwas mitteilen?

Mach ihr Mut. Du kannst ihr ja helfen, sie unterstützen. Hi, ich freu mich, tschüss!

Tja, das war eine Hammer-Nachricht für jemanden, der mit diesen Bereichen noch nicht so vertraut ist. Marianne hat mich gebeten, noch mal konkreter nachzufragen.

Hi, mir geht es gut! Es ist viel zu tun!

Geht es um etwas Konkretes bei ihr?

Nein, sie soll sich öffnen und damit arbeiten, anderen helfen, die Fragen haben an die geistige Welt. Sie wird das gut können, soll nur Mut haben, es ist ganz leicht!

Wie soll sie das umsetzen?

Ja, du kannst ihr ja sagen, wie es geht. Ist doch heute kein Geheimnis mehr. Nur Vertrauen! Immer mit dem Göttlichen verbinden, dann klappt das schon. Ist jetzt ganz wichtig, die Menschen brauchen Unterstützung auf dem geistigen Weg. Dabei kann sie helfen. Sie soll es einfach versuchen, und dann fließt es. Ihre Fähigkeiten sprechen sich dann rum. Sag ihr alles Gute!

Hier wird an der Sprache und Satzform das Naturell des Tieres ganz deutlich.

Meine Cousine Christa beobachtete eine Zeit lang einen Fuchs, der ganz nah an ihren Gartenzaun kam. Sie bat mich, mit ihm zu sprechen, weil sie sich Sorgen machte, dass er abgeschossen würde. Sie hatte aber auch das Gefühl, er hätte eine Botschaft für sie.

Wie heißt du?

Ich werde Roter genannt.

Warum kommst du in den Ort?

Es ist einfacher, in den Orten nach Futter zu suchen.

Ich warne ihn davor, dass einige Männer ihn abschießen wollten und er in Gefahr sei.

Hm, ich weiß, dass Menschen diese Knaller haben, und wir Tiere haben dann keine Chance. Es ist ein unfairer Kampf. Wenn du mir das so sagst, bin ich vorsichtiger und werde den Ort umgehen.

Warum bist du zu Christas Grundstück gekommen?

Ich sagte schon, in den Orten gibt es leicht Futter. Und Christas Grundstück hat mich angezogen.

Was hat dich angezogen?

Es ist ein besonderer Ort mit einer feinen Schwingung, da ist Spannung. Das hat mich neugierig gemacht.

Hat das was mit Christa zu tun?

Ja klar, ich weiß, sie tut mir nichts und sie hat ein besonderes Gespür für uns Tiere. Und wir Tiere sind hier als Verbindung zur Anderswelt.

Welche Welt meinst du damit?

Na, die eigentliche Realität mit all den Wesenheiten, den Farben und all dem anderen Reichtum, den ihr Menschen in eurem Alltag gar nicht wahrnehmt. Es gibt so vieles zu entdecken und zu spüren, wenn ihr euch dafür öffnet. Nicht umsonst gelte ich bei euch als Fabelwesen. Bin ein Bote aus einer anderen Realität. Ihr nennt es Natur, es ist jedoch ein ganzes Universum, was neben eurer Welt existiert. Lasst euch darauf ein, schwingt euch ein, lasst euch verzaubern. Christa ist bereits dem Ruf gefolgt und ist

schon ganz nah. Christa, lass dich darauf ein! Hab Vertrauen!

Er geht selbstbewusst davon.

In Christas Garten kam auch regelmäßig ein wunderschöner rosa Star und fühlte sich offensichtlich dort zu Hause. Sie schickte mir ein Foto von dem Vogel, und ich habe sehr gerne Kontakt mit ihm aufgenommen, zumal ich bis dahin noch kein Gespräch mit einem Vogel geführt hatte. Und er begrüßte mich sehr freudig:

Hi, hi, hi! Es ist schön hier im Garten, eine gute Energie.

Warum kommst du so oft hierher?

Hier ist eine friedliche Energie. Liebe schwingt hier.

Hast du keine Angst vor den Katzen?

Die habe ich im Blick. Ich bin schneller, die kriegen mich nicht. Du weißt ja, wir Vögel können fliegen. Das ist eine Dimension, die sie nicht erreichen können.

Hast du eine Botschaft für Christa?

Ja, sie soll mehr in die Natur kommen. Geht hinaus in die Natur und spürt! Ihr Menschen habt doch den Spürsinn, genießt die Gefühle! Spürt die Verbundenheit, denn alles ist miteinander verbunden. Ja, alles ist vernetzt. Die Wesen auf der Erde, die Wesen

in der Luft ... Und wir Vögel zeigen es euch! Seht die Zusammenhänge und respektiert sie.

Welche Wesen der Erde und der Luft meinst du?

Na, es sind hier doch überall Elementar-Wesen, die für die Erde, die Pflanzen und so wirken. Ja und eben in der Luft geistige Wesen, die mit uns Vögeln spielen und singen. Schaut, hört und spürt doch nur!

Gibt es noch etwas mitzuteilen?

Die Liebe verbindet uns alle!

Ich danke dir sehr herzlich!

In der Umgebung meines Hauses ist gelegentlich ein junger Rehbock zu sehen. Eines Tages kam er ganz nah, ein paar Meter vom Haus entfernt blieb er stehen und schaute mich durchs Fenster eine Weile mit seinen wunderschönen großen Augen an. Ich fühlte mich überwältigt vor Glück von diesem tiefen, eindringlichen Blick und hatte sofort das Gefühl, dass er mir etwas mitteilen wollte.

Hast du eine Botschaft für mich?

Ja, schau, die Welten der Naturwesen sind zum Greifen nah! Ja, ihr Menschen, begreift, dass ihr hier nicht allein seid. Geht in Harmonie mit der Natur, nicht gegen sie. Sie kann euch so viel geben und sie gibt ... bedingungslos! Nehmt die Geschenke, die Schönheit, nehmt sie wahr und auf. Das Einzige, um das wir euch bitten, ist Respekt. Ihr Menschen gebt Milliarden aus, um zu anderen Planeten zu fahren.

Dabei habt ihr immer noch nicht all die Reiche und Welten hier auf und in der Erde entdeckt. Folgt uns Tieren in die Welt der Naturwesen und zu den Völkern in der Erde. Hier gibt es noch viel zu erkennen, viel Wissen, was allen zugutekommen kann, wenn ihr Menschen bereit seid und euch dafür öffnet. Ja, es gibt noch viele Türen zu durchschreiten ... und zwar direkt neben euren Häusern!

Danach ist er leider nicht mehr so nah ans Haus gekommen, es war wohl alles gesagt!

In der letzten Geschichte möchte ich noch von „meinem" Rotkehlchen erzählen, das mir ermöglichte, tatsächlich durch eine weitere Tür zu schreiten. Es kam letzten Herbst auffallend oft und regelmäßig in meinen Garten, setzte sich auf ein Geländer und schaute aufmerksam zu mir herüber. Als ich es einmal von drinnen hinter dem Fenster beobachtete, wurde es so zudringlich, dass es von außen an den Fensterrahmen flog und dabei laut vernehmlich rief. Offensichtlich hatte das Rotkehlchen eine Botschaft für mich.

Ja, schau, in welchen Welten du lebst, alles, was dich umgibt, ist so vielfältig. Du musst nur schauen! Es ist so vieles, was in der Natur wirkt und ist. Ich spüre, dass es dir Freude macht, uns Vögel zu beobachten. Deshalb sind wir gerne hier an deinem Gar-

ten und deiner Wohnung. Wir spüren deine Liebe. So siehst du, deine Liebe hat mich angezogen. So kannst du auch alles andere in dein Leben ziehen, was dir Freude macht.

Wie mache ich das konkret?

Du machst das schon gut. Nicht fordernd, sondern offen erwartend. Dann kann auch was kommen, womit du nicht gerechnet hast. Es gibt immer so unendlich viele Möglichkeiten. Lass es einfach zu und sei empfangend. Du hast um Hilfe und Unterstützung gebeten, und sie fliegen dir zu. Schau, eben die Kraniche, sie fliegen in solch einer Fülle über dich hinweg. Es sind so viele, die jetzt unterwegs sind. So kommt die Fülle auch plötzlich und unerwartet zu dir. Es ist schon unterwegs! Sei nicht verzweifelt, wir sind doch alle mit dir, bei dir und unterstützen dich. Hier, wo du dich hingezogen fühltest, ist ein Bereich, der sehr harmonisch und im Einklang mit den Naturwesen schwingt. Deshalb fühlst du hier die Freude und liebevolle Schwingung der Natur. Und schau die Fülle der Natur um dich, die Schönheit und die ständige Veränderung.

Ich sehe nun, bei dem Vogel stehen drei Wesenheiten, die zu mir sprechen. Ich merke, dass das Rotkehlchen Vermittler ist.

Ja, wir sprechen auch zu dir, es ist doch alles miteinander verbunden. Wenn du das Vögelchen nach einer Botschaft fragst, sind wir Feen natürlich sofort dabei. Vögel haben gar nicht so lange Geduld zu

sprechen, das übernehmen dann wir. Denn auch wir sind mit dir sehr verbunden über deine Seele. Wir drei wirken hier in deinem Umfeld. Wir bitten dich, öfter mit uns zu sprechen. Wir sind offen dafür und arbeiten gerne mit dir zusammen.

Ich frage nach ihren Namen, wie ich sie rufen kann, und bedanke mich tief gerührt und beeindruckt. Das ist nun ein ganz neues Übungsfeld, mit den Naturwesen in einer grün schwingenden Dimension zu kommunizieren.

Nachwort

Ich bin schon sehr lange mit Jesus Christus verbunden. Er ist mein geistiger Führer, Begleiter, Bruder und Freund. Fast jeden Abend nehme ich Kontakt auf und spüre dann seine Liebe. Aber bisher hatte er nie eine Botschaft für mich, die ich direkt hören konnte. Auch in schlimmsten Verzweiflungs-Phasen blieb er für meine Sinne stumm. Eines Abends kurz vor Beendigung dieses Buches, als ich ihn wieder einmal um Antwort bat, kam eine mit liebevoll sanfter Stimme:

Du machst das gut! Du bist auf dem richtigen Weg!

Ich schlief dankbar und selig ein. Am nächsten Morgen, ein sonniger Sonntag, zelebrierte ich ein wunderschönes Frühstück mit leckeren Speisen, Kerzen, schöner Musik und sann den Worten des letzten Abends nach und dachte an mein Buch über die Tiergespräche. Beim Abräumen des Frühstückstisches, die Musik-CD war auch gerade abgelaufen, bekam ich den starken Impuls – vielmehr den Befehl, einen Block und Stift zu nehmen und das Nachwort für das Buch zu empfangen. Und Jesus diktierte mir:

In tiefer Verbundenheit sage ich, Jesus Christus, euch allen, ich bin damals nicht nur für die Men-

schen gekommen, sondern auch für die Tiere. Ja, auch sie liegen mir sehr am Herzen. Ich bin sehr dankbar, dass in dieser Zeit sich viele Menschen öffnen und bereit sind, mit den Tieren zu sprechen und ein Sprachrohr für sie zu sein. Das ist ein wundervolles Geschenk, und es ist wichtig, dass es mehr und mehr die Herzen der Menschen erreicht. Die Tiere leben in tiefer Symbiose mit euch Menschen, sie wollen euch dienen, helfen und begleiten. Sie sind bereit, sich für euch zu opfern. Und was ist, leider immer noch? Viele Menschen nutzen das aus ... rücksichtslos. Sie verdrängen, unterdrücken ihre Herzenergie, ihre Liebeswärme und quälen Tiere aus Profitgier. Das muss endlich aufhören, wenn ihr eine bessere, friedvollere Welt wollt. Es sind nicht nur die Kriege, Religionsrivalitäten und Unterdrückungen der Menschen untereinander, was aufhören muss und in Frieden kommen sollte. Nein, auch der herzlose Umgang mit vielen Tieren alltäglich und überall trägt zur Disharmonie bei. Ich bitte euch alle, DU, die/der dies jetzt liest, wirkt mit daran, die Qualen der Tiere zu beenden. Es reichen schon kleine Entscheidungen im Alltag:

Hinterfragt, wie das Fleisch, das ihr essen wollt, geschaffen wurde. Wie ging es dem Tier, das dafür sein Leben gegeben hat? Unter welchen Bedingungen ist dieses Ei entstanden, das du kaufen möchtest, das in vielen Produkten verarbeitet wurde. Wie ging es dem Huhn? Wie ging es der Kuh, die die Milch für deinen Käse, die Sahne, das leckere Eis gab?

Selbst wenn du selber die Bedingungen nicht von heute auf morgen ändern kannst, nehme diese Geschenke der Tiere mit Dankbarkeit an. Wertschätze sie, segne sie, bevor du sie zu dir nimmst. Ja, es ist sehr wichtig, mit welcher inneren Haltung du dieses tust. Es ist nicht erforderlich, dass ihr alle zu Vegetariern oder Veganern werdet, NEIN. Es ist entscheidend, dass ihr mit eurem Herz-Bewusstsein mit den Gaben der Tiere umgeht. Und ihr könnt durch euer Kaufverhalten sehr viel bewirken, auch wenn es dadurch teurer wird. Vertraut darauf, es wird sich auf allen Ebenen auszahlen!

Ich danke allen, die sich für das Wohl der Tiere einsetzen. Es ist natürlich auch wichtig, dass es allen Kindern dieser Welt gut geht. Da ist auch noch riesig viel zu tun, das zu gewährleisten. Aber ebenso ist der Schutz der Tiere für das Wohl der Erde entscheidend. Jedes Mosaiksteinchen ist dafür wichtig, JEDES! Wie ein Puzzle, das erst vollbracht ist, wenn alles harmonisch passend an seinem guten Platz ist! Und so ein Puzzle-Teil ist dieses Buch, das dazu beitragen wird, mehr Liebe und Frieden in diese Welt zu bringen. Und DU liest es! Bewege die Aussagen der Tiere in deinem Herzen und freue dich daran, dass du dein Herz spürst. Ja, spüren ist so wichtig! Erlaube dir, das zu empfinden, zu fühlen ... das ist der Schlüssel! Der Schlüssel zur Tür in die Anderswelt!

Licht und Liebe!

Danke!

Anhang

Menschen, die mich begleitet haben und von denen ich in diesem Buch erzähle

Jutta Vormann-Klein: www.mein-weg-fuer-gaia.de
Robert Betz: www.robert-betz.com
Andrea Schirnack: www.das-morgenland.eu
Dagmar Hellriegel: www.licht-und-klangbilder.de
Christa Gerlach: www.spirit-zentrum.de
Maria Hubert: www.sensegiving.com
Karin Baja: www.energetische-tierheilkunde.de
Dorothee Bourauel: www.vonHerzzuHerz.net
Elke Dissen: www.stadtblume.de

Kontakt zur Autorin

Regina Klara Herwig
E-Mail: regina_herwig@gmx.de
Web: www.klarundleicht.de

Notizen

Notizen

Notizen

Notizen

Notizen

Notizen

Robert Betz liest seine größten Erfolge

Willst du normal sein oder glücklich?

Aufbruch in ein neues Leben und Lieben

Jeder kann sich bewusst für ein glückliches Leben entscheiden. Dieses mitreißende Hörbuch ermutigt dazu, die ausgetretenen Pfade eines Lebens, mit dem man sich nicht wohlfühlt, zu verlassen. Die Hörer werden auf den Weg des Herzens geführt und ihnen wird gezeigt, wie ein Leben voller Freude, Leichtigkeit, Erfolg und Erfüllung endlich Wirklichkeit wird.

Robert Betz Verlag
5 CDs · gelesen von Robert Betz · € 29,80

Das gleichnamige Buch ist im Heyne Verlag erschienen. Der Spiegel-Bestseller wurde über 750.000 mal verkauft.

Willkommen im Reich der Fülle

Wie du Erfolg, Wohlstand und Lebensglück erschaffst

Verständlich und inspirierend erklärt Robert Betz in diesem Hörbuch, wie wir Mangelzustände überwinden und unseren Weg zu einem erfolgreichen Leben in materieller und spiritueller Fülle finden.

Robert Betz Verlag
4 CDs · gelesen von Robert Betz · € 24,80

Dein Weg zur Selbstliebe

Mit Mut zur Veränderung deine Wahrheit leben

Sich selbst zu lieben, ist eine der größten Herausforderungen im Leben. Mit einfachen Übungen, und geführten Meditationen lehrt uns dieses Hörbuch, unser Herz zu öffnen und uns selbst neu verstehen.

Robert Betz Verlag
4 CDs · gelesen von Robert Betz · € 24,80

Liebesglück ist keine Glücksache

Wie wahre Liebe gelingt

Robert Betz versammelt in diesem Hörbuch ein inspirierendes Feuerwerk an wertvollen Gedanken, praktischen Anregungen und berührenden Einsichten aus seiner über 25-jährigen Arbeit mit Tausenden Frauen und Männern.

Robert Betz Verlag
3 CDs · gelesen von Robert Betz und Jutta Ribbrock · € 24,80

10 Top-CDs von Robert Betz im Basis-CD-Paket

Dieses CD-Paket ist eine Zusammenstellung an Top-Basis-CDs aus dem breiten Sortiment von über 100 CDs von Robert Betz. Es enthält vier CDs mit den Top-Vorträgen von Robert Betz und sechs CDs mit insgesamt 17 Meditationen. Durch die Vorträge und Meditationen auf den CDs haben bereits viele Tausend Menschen ihrem Leben eine völlig neue Qualität und Richtung gegeben. Über die Vorträge versteht man mehr und mehr, wie man Mangel oder Fülle, Leid oder Freude, Gesundheit oder Krankheit selbst erschafft. Mit Hilfe der Meditationen verändert man Zug um Zug die innere Befindlichkeit und bringt eine neue hochschwingende Energie in den eigenen Energiekörper.

Robert Betz Verlag · 10 CDs · € 99,–

erhältlich im Onlineshop unter robert-betz-shop.de

10 CDs über Liebe, Partnerschaft, Sexualität & Erziehung

Dieses CD-Paket enthält fünf CDs mit Vorträgen von Robert Betz und fünf CDs mit insgesamt 14 Meditationen von Robert Betz. Die Vorträge vermitteln dem Hörer eine neue Sicht auf Themen wie die Aspekte des Frau- oder Mann-Seins, Liebe und Sexualität sowie die Beziehung zwischen Mann und Frau und zeigen Wege auf, wie man als Schöpfer seines Lebens die Möglichkeit hat, neue Wege zu gehen. Die geführten Meditationen helfen dabei, die Beziehung zu sich selbst als Frau oder Mann und auch die Beziehung zum derzeitigen Partner zu klären. Mit dem Geist der Liebe und des Friedens werden alte Verstrickungen und Begrenzungen gelöst. Die vier Meditationen für Eltern unterstützen diese dabei, ihrem Kind aus schwierigen, eingefahrenen Situationen und Belastungen zu helfen.

Robert Betz Verlag · 10 CDs · € 99,–